AF166458

Johann August Schlettwein

Wichtige Beiträge zur Gerechtigkeit

Johann August Schlettwein

Wichtige Beiträge zur Gerechtigkeit

ISBN/EAN: 9783743367012

Hergestellt in Europa, USA, Kanada, Australien, Japan

Cover: Foto ©ninafisch / pixelio.de

Manufactured and distributed by brebook publishing software (www.brebook.com)

Johann August Schlettwein

Wichtige Beiträge zur Gerechtigkeit

Wichtige Beyträge

zu der

Gerechtigkeit

in Absicht

auf die Klöster,

und

auf ihre in- und ausländische Güter,
und Gefälle

von

Johann August Schlettwein.

Giessen,
bey Justus Friedrich Krieger,
1785.

Digitized by Google

Vorrede.

Die interessante Materie von Aufhebung der Klöster, und der Gerechtigkeit in Absicht auf deren in- und ausländische Güter und Gefälle, besonders in Teutschland, verdient noch immer weiter aufgeklärt zu werden; da die Folgen, welche sie in den Staaten, und in deren Verhältnissen gegen einander veranlaßt, groß, und in der That unübersehbar sind.

Ich

Vorrede.

Ich theile zu dem Ende hier noch wichtige Beyträge mit, und bitte das Publikum der politischen und juristischen Welt, solche seiner Aufmerksamkeit nicht unwürdig zu achten, sondern mit der möglichsten Genauigkeit, mit Sachkänntniß, und mit Wahrheitsliebe zu prüfen.

Selbst mein Werk von der Reformation der Klöster und geistlichen Stiftungen, das ich wirklich unter den Händen habe, und welchem ich alles nur ersinnliche Nachdenken widme, um der Welt etwas vollständiges und gemeinnütziges zu liefern, forderte noch einige vorhergehende Darstellungen über die Rechte der Menschen, in stiller Einsamkeit geistige Uebungen der Seele vorzunehmen.

Diejenigen gelehrten Freunde, welche mir in der neuesten juristischen Litteratur den Vorwurf gemacht habe, daß ich mit Evidenz, Sonnenklarheit und Liquidität gespielt hätte, würden sich so nicht geäußert haben, wenn sie gerade damahls sich daran erinnert hätten, daß sowohl in den Westphälischen Friedenshandlungen, als auch in den Friedens-Exekutionsakten, und in den Regensburgischen Reichs-

Vorrede.

Reichstags-Handlungen von 1753. und 1754. die Ausdrücke: klare und lautere Restitutions-Casus, heller und klarer Inhalt der Verträge; Liquidität der Fälle rc. häufig gebraucht, und in denselbigen die rechte Kraft zu Bezeichnung des Sinnes der Staatsunterhändler, und der Paziszenten gefunden worden. Ich würde diese gelehrten Kritiker beleidigen, wenn ich ihnen die Stellen aus den bekannten Meierischen Schriften anführen sollte, um einen Sprachgebrauch zu beweisen, der dem Publizisten gäng und gebe seyn soll.

Dem Herrn Prof. Schott in Leipzig aber, der meine Sprache mystisch gefunden hat, kann ich keine andere Antwort geben, als die, daß ich durchaus die reine deutliche Sprache, welche die Sachen, davon die Rede war, erforderten, gebraucht habe, und mich für verbunden achte, in meinen Schriften über rechtliche Gegenstände dazu mit beyzutragen, daß jener erbärmliche Sprachschlendrian in den Schriften der Juristen, ihre dürre Worte, ihr ebenwohl, ihr dennoch aber und dieweil, und noch viele dergleichen saftlose Ausdrücke und

For:

Formeln einmal ganz ausgerottet werden, und eine reinere, freyere, und edlere Sprache in den für die Gerechtigkeit redenden Aufsätzen in Gang kommen möge. Meine Ausdrücke, die den Herrn Professor scheinen überrascht zu haben, sind besonders, die wesentliche Gerechtigkeit, und der Geist des Westphälischen Friedens ꝛc. Diese Worte sind aber der denkenden und lesenden Welt, und gewiß auch dem Herrn Professor Schott allzubekannt, als daß ich nur ein einziges weiter zu ihrer Erklärung verschwenden möchte. Giessen, den 24. Merz, 1785.

Schlettwein.

Inhalt.

Inhalt.

Inhalt.

Beyträge

zum
erſten Theil
über

die Aufhebung der Klöſter

und

die Einziehung der Güter und Einkünfte
derſelben überhaupt.

————————

Erster Beytrag.

Vom Rechte der Menschen, um geistiger Geniessungen willen die Vergnügungen des Körpers aufzuopfern.

Die Natur des Menschen ist geistige Kraft, gestimmt zu unendlichen Geniessungen der
Wahrheit und **Liebe**, aber durch eine be-
lastende Form der Thierheit an die Erde, und an gro-
be Bedürfnisse aus der Erde angefesselt. Es giebt einen
innern Menschen, der an der Wahrheit, und an ununterbrochenen Fortschritten in der Erkänntniß derselbigen Lust empfinden, und durch herrschendes Gefühl
von ihrem Werthe für alle der Erforschung der Wahrheit geheiligte Thätigkeit belebt seyn kann; aber es
giebt auch einen **äußern**, oder **thierischen Menschen**, der durch überwiegende Stimmung zum Kitz-
zel der körperlichen Organe hingezogen wird, nur Materie fürs Fleisch zu suchen, und in alle die Situationen sich zu drängen, die ihm den Genuß der Materie
für den Körper versichern, oder erleichtern können. Ist

der

der **innere Mensch** dem **thierischen** so untergejocht, daß er die materiellen Geniessungen über alles schäzt, und seine geistige Fähigkeiten ganz der Erweiterung des thierischen Geniessungskreises aufopfert, so ist der Mensch ein **sittlicher Sklav,** ein **Sinnling,** ein **thierischgesinnter Geist.** Ist aber der **innere Mensch** überwiegend gestimmt, die Wahrheit zu erforschen, seine ganze Kraft der erkannten Wahrheit gemäs, zur Vervielfältigung der Geniessungen der **Menschheit** allenthalben anzuwenden, und in dem ausgebreiteten Glük und Vergnügen des menschlichen Geschlechts Wonne zu empfinden, so lebt der Mensch **im Geistes-Sinn,** besser, **in Gottes-Sinn,** und in sittlicher Freyheit.

Wenn man nun den Menschen das **Recht** zueignet, die Geniessungen für seine körperliche Organe zu suchen, die ihrem Bau gemäs sind, und also in die Verhältnisse sich einzuschieben, die ihm jene Geniessungen begünstigen können; so muß er doch warlich auch wenigstens **so viel Recht** haben, nach dem Genuß der **Wahrheit, und der Liebe,** die aus Wahrheit quillt, mit seiner ganzen Kraft zu streben, und jenen Verhältnissen sich zu überlassen, welche der Erforschung der Wahrheit und der Stimmung zur Liebe des Guten am günstigsten sind. Dem Menschen das Recht zugestehen, Wurzeln und Kräuter zum Genuß zu suchen, und ihm das **Recht** ableugnen, im grossen Buche der Schöpfung die Wahrheit zu ergründen zu trachten, das ist offenbares Geständniß, daß man den thierischen Theil des Menschen höher achtet, als den geistigen, der durch Verstand und Freyheit

sich

sich über die Erde erhebt, und eben durch diese **höhe-re Kraft** selbst die Bedürfnisse des thierischen Lebens der Menschen auf **die beste Weise** zu vervielfälti-gen lehrt.

Bewilligt ihr den Menschen das **Recht**, den größten Theil des Tages auf Angelegenheiten zu ver-wenden, die auf die Bedürfnisse des vorüber-gehenden thierischen Lebens abzielen, aber die Kräf-te des innern Menschen zur vollständigern Känntniß der Wahrheit, und zur Empfindung der Liebe für die Menschheit nicht erhöhen; so werdet ihr ihnen wahrhaftig auch **das Recht** bewilligen müssen, den größten Theil ihrer Tage mit Angelegenheiten zu-zubringen, welche die Geniessungen des unsterblichen Theils ihres Wesens, des innern Menschen, zum Zwek haben, welche in Erforschung der Natur des Menschen, und der Schöpfung, und im Genuß der Weisheit, Vorsorge, und Macht des Urhebers aller Wesen bestehen, und die Seele mit **Liebe** zur Wahr-heit, zu **Gott**, und zur **Menschheit** erfüllen, und die Menschenkraft zur Bewirkung des größtmöglichen Guten für das menschliche Geschlecht stärken.

Der Mensch, der seinen innern und unsterblichen Theil mit den unvergänglichen Geniessungen nährt, mit Wahrheit, und Gottes- und Menschen-Lie-be, ist zuverläßig am geschiktesten, die Mängel sei-ner Mitbrüder auch für das vorübergehende thierische Leben zu vermindern. Er hat Gottes- und Men-schen-Liebe, die ihn mit dem unüberwindlichsten Ei-fer beleben, die Noth und den Jammer unter den Men-schen zu vermindern, und die Mittel zu ihrem Glük

und

und Vergnügen zu vervielfältigen; er hat auch Kännt= nisse, oder die erforderliche **Weisheit**, diese End= zwecke zu bewirken. Selbst die wahre Menschen= Lie= be flammt in ihm eine unermeßliche Anstrengung an, diese **Weisheit** zu suchen, und durch sie thätig zu seyn. Je weniger Gottes= und Menschen=Liebe in der Seele wohnt, und je weniger Einsichten in die Natur, in ihre wirkende Kräfte, und in die Ordnung ihrer Wirkung der Mensch hat: desto weniger kann er die ächten Quellen des Wohlstandes und der Zufrieden= heit seiner Mitmenschen in ihren ergiebigen Gang se= tzen helfen, desto weniger kann er der Welt nüzlich seyn.

Der liebevolle und weise Mann untersucht unermüdet die Natur, und ihre verschiedene Produkte, um wider so manche Qualen des menschlichen Körpers, wider die schmerzhaftesten und verwüstendsten Krank= heiten wirksame Mittel zu entdecken, und dem armen Menschengeschlechte Linderung und Trost in seinen kör= perlichen Leiden zu verschaffen. Er studirt die Kräfte der natürlichen Werke, um Hülfsmittel zur Verviel= fältigung der Nahrung, und zur Unterhaltung und Ausbreitung der Arbeitsamkeit des armen Volks zu fin= den, und den Wohlstand der Menschen in diesem Le= ben zu erhöhen. Er sinnt unaufhörlich darauf, um Lagen durch sich, und durch andere Menschen zuzube= reiten, in welchen seine Mitbürger zur Erkänntniß nüzlicher Wahrheiten geneigt gemacht, und zu den Gesinnungen der wahren Menschen= und Bürgerliebe, und zu gerechter und fruchtbringender Thätigkeit für diese Welt überwiegend gestimmt werden können. Wenns die Umstände nöthig machen, greift er selbst

mit

mit an, geht mit seinen Känntnissen, und seiner Liebe, und Gerechtigkeit seinen Mitmenschen in reizenden Beyspielen vor, und läßt der menschlichen Gesellschaft die Wirkungen seiner Weisheit, Liebe und Gerechtigkeit in Rath und That reichlich empfinden.

So denkt und handelt der **weise liebevolle Mann** in allen Verhältnissen seines Lebens. Er strebt aber vorzüglich nur nach solchen Verhältnissen, in welchen er die größte Masse von Früchten der Weisheit, Gerechtigkeit und Liebe dem Menschengeschlechte unmittelbar, oder mittelbar mittheilen kann.

Der gerechte, gute und weise Mann, kann einen unübersehbaren Menschenkreis durch seine Ideen, durch seine Gesinnungen, und durch seine Geschäfte beglücken, ohne daß er seine Person den gewöhnlichen Gesellschaften der Menschen überläßt. Sollte ich eine so einfache Wahrheit noch beweisen müssen? Alle Zeiten stellen hundert Erfahrungen für eine auf, daß das Wahre und Gute unter den Menschen ausgebreitet, und wirksam gemacht werden könne, ohne daß der Urheber persönlich an dem gewöhnlichen Gange des gesellschaftlichen Lebens Theil nimmt. Wenn ich eine wirksame Arzney habe, kann ich dadurch nicht meine arme Mitmenschen von ihren physischen Leiden befreyen, Große und Kleine, Angesehene, und Geringe, ohne daß ich die sinnlichen Lustbarkeiten der Menschen in ihren Spielen, Tänzen, Schmausereyen, Schlittenfahrten, u. s. w. mit genieße? Wenn ich verstehe, wie nüzliche Gewerbe eingerichtet, und zum Segen der Menschen betrieben werden können, kann ich nicht ein ganzes Volk dadurch beglücken, ohne daß ich mich eben

in

in die sinnlichen Freuden ihrer wöchentlichen Zirkel oder
Klubbs einmische? Wenn ich durch meine Känntnisse, und
meine anhaltende Anstrengung mir Mittel verschaffe, der
Noth der Armen zu Hülfe zu kommen, kann ich nicht unzählige Arme trösten und erquicken, ohne daß ich die Zusam-
menkünfte derer besuche, die, um die Last ihres leeren
Lebens einige Stunden lang nicht zu fühlen, sinnliche
Freuden in ihren Gemeinschaften geniessen wollen?
Und kann ich meinen Mitmenschen aller Stände nicht
durch Darstellung nützlicher und angenehmer Wahrheiten Zeitvertreib, Vergnügen, und Vortheil für ihr Leben, für ihre Bestimmungen, und Berufe verschaffen, ohne daß ich mich in ihren, zum sinnlichen Vergnügen bestimmten, gesellschaftlichen Zusammenkünften
einfinde? Kann ich nicht der Liebe und Achtung meiner Mitmenschen mich würdig machen, kann ich nicht
ihre Liebe und Achtung wirklich geniessen, wenn ich immer im gleichen Gange Gerechtigkeit und Liebe ausü-
be? Zuverläßig kann ich das alles, ohne die sinnliche Lustbarkeiten in ihren Gesellschaften mit geniessen
zu müssen.

Der Sinnling, oder der Mensch, dem die Vergnügen des thierischen Lebens sein erstes Augenmerk, sein wich-
tigstes Anliegen sind, der vermag das alles nicht, was der
gerechte, gute und weise Mann vermag, weil er nie
ernstlich will, nie ernstlich wollen kann, was der gerechte, gute, und weise Mann will. Kann denn ein
solcher Mensch, dessen wichtigste Angelegenheiten in der
Befriedigung seiner thierischen Triebe bestehen, kann
der wohl mit dem unermüdeten Fleiße des weisen, und
liebevollen Mannes die Natur erforschen, um Hülfs-

mittel

mittel zu finden, die Leiden der Menschheit zu vermindern? Kann der seine Zeit, seine Kraft, sein Vermögen aufopfern, um für seine Mitmenschen mühsam,
und oft Jahre lang ohne Wirkung, die Quellen des
Glückes zu eröffnen? Kann der seine **Selbstheit**
verleugnen, um seinen leidenden Bruder vom Untergange zu retten? Gewiß das alles nicht, wenn nicht
etwa **bisweilen** die Laune, oder das zerschmelzen-
de, weiche, wollüstige Herz, oder der eitle Stolz,
eine solche heilsame Wirkung hervorbringt! Herrschende Sinnlichkeit hindert alles wahre Gute in der menschlichen Gesellschaft, wenn es nicht die Begierden des
Sinnlings nach körperlichem Genusse stillet; sie macht
die Kräfte zu anhaltenden Arbeiten schlaff; sie verwendet alles Vermögen auf Eitelkeiten und sinnliche Belustigungen, um nur gegenwärtigen Genuß zu haben;
aber um die Ursachen und Umstände herzustellen, die
nicht gleich die Sinne befriedigen, und erst in naher,
oder später Zukunft das Glück und den Wohlstand der
Menschen herstellen, oder vervielfältigen können, thut
sie nichts, was Aufwand verursachet.

Vielleicht ist es hier der schiklichste Ort, da ich
durch das, was ich in meiner politischen Oekonomie
über diese Gegenstände gesagt habe, bey meinen Lesern
den Eindruk wirken kann, der tiefere Beherzigungen
rege macht. „Jede Stimmung der menschlichen Seele, dadurch ihre Aufmerksamkeit auf die wahren Bedürfnisse des Lebens, auf die von Gott in der Natur
gestifteten Quellen jener Bedürfnisse, und auf die von
dem weisesten Urheber der Welt hergestellte unverlezli-
che Ordnung von Hervorbringung, und Vervielfälti-

a 5   gung

gung der Geniessungen der Menschen geschwächt, und
ganz weggewendet, und dadurch die Kraft des Menschen, die Produkte der Natur nach jenen Gesetzen zu
vermehren, immer schlaffer gemacht wird, jede solche
Seelenstimmung ist der Erhaltung, und Ausbreitung
der Gerechtigkeit, Güte, und Weisheit schlechterdings
zuwider, weil diese drey Tugenden sich einzig und allein darinnen konzentriren, nach der von Gott selbst
in die Natur gelegten Ordnung Menschenleben zu erhalten, zu veredlen, und zu vervielfältigen. Lenkt
eure Seelen, geliebte Menschen! lenkt sie hin, wohin
ihr wollt: ists nicht Kraft, und Leben, was ihr sucht,
so werdet ihr euch immer, wenn ihr euch nur kennen
wollt, in irgend einem Betrachte als ungerechte, un-
gütige, und unweise erscheinen; ihr werdet Anlaß und
Ursach seyn, daß die Masse der Lebensgeniessungen für
die Menschen verringert wird, und der Kreis des menschlichen Lebens sich ins engere zusammenzieht.

Aber was ist nun die herrschende Sinnlichkeit in
einer Menschenseele? was ist überwiegender Hang nach
Gütern der Einbildungskraft? Ists nicht stetes Streben und inneres Ringen nach Lust der Sinne, und
nach solchen Bildern und Gestalten, welche die Einbildungskraft der Menschen reizen und erhitzen, und
dadurch die Begierden nach Lust der Sinne schärfen
sollen? Ist nicht das sich unzertrennlich an sie an-
schliessende Gefolge der Weichlichkeit, und Eitelkeit,
deren jene nur nach Genuß aufstrebet ohne Anstrengung,
und diese in den Eindrücken, die sie durch Schein auf
die Sinne anderer macht, und in der Vervielfältigung
dieses Scheins ihre Wollust sucht, und unersättlich ist,

neue

neue Arten und Schattirungen dieses **Scheines** auszu=
denken, und dadurch die Sinne zu blenden? Wie
kann in solchen Seelen Lustgefühl seyn, die Gerechtig=
keit befördern zu helfen? wie Lustgefühl, die Kraft
und Thätigkeit, und alles Eigenthum zur Verminde=
rung des Mangels an Lebensgeniessungen, und zur
Ausbreitung eines glücklichen Menschenlebens anzuwen=
den? wie Lustgefühl an der täglich wachsenden Erkännt=
niß der wahren Ordnung und der Gesetze, die Genies=
sungen des Lebens in größerer Menge hervorzubringen,
und immer mehrern Menschen Antheil daran zu ver=
schaffen? Wachsthum der Weichlichkeit, und der Ei=
telkeit ist Abnahme und Tod der Gerechtigkeit, Güte
und Weisheit, Vergrösserung des Mangels an Ge=
niessungen für das menschliche Geschlecht, Vergrösse=
rung der Kalamitäten, und Ueberschwemmung der
Staaten mit Noth, und Jammer, und Fluch. Wie
ists doch möglich, Brüder! die Weichlichkeit, und
Eitelkeit, zu deren Ausrottung wir alle mit unserer
ganzen Kraft wirken sollten, durch unsere Liebe, und
Achtung und Theilnehmung immer in größere Flammen
zu setzen? Und was haben wir, wenn wirs thun, und
durch Sinnlichkeit und Eitelkeit so viele physische und
wirthschaftliche Mängel in der Gesellschaft ausbrei=
ten, für uns für Vortheile zu erwarten? Ist das
Vergnügen, das sie uns gewähren, auch so viel werth,
daß wir die Vervielfältigung der Geniessungen des Le=
bens dafür aufopfern? Nein, theure Mitmenschen!
der Sinnling, der Weichling, und der Eitle gewin=
nen auch für sich selbst nichts reelles. Sie entmannen
ihre Seelen, machen ihre Fähigkeiten zur Erkäntniß
der Wahrheit alle Tage stumpfer, und ihre Herzen

zur

zur Freude an der Wahrheit, und an ihrem schönen Ge=
folge, dem Guten, unempfindsamer. Ich will diese
die Menschheit ganz herabwürdigende Folgen durch die
evidenteſten Gründe ſichtbar machen.

Was hat denn der, welcher eine Mark Gold oder
Silber, die im Geldcireul jährlich zehen= und hundert=
mal ſo viel Waaren und Arbeiten vergüten, und durch
den Umlauf viele hundert Hände in nüzlicher Bewe=
gung unterhalten könnte, auf ſeinem Kleide herum=
trägt, was hat der davon für Gutes? Iſts denn
was anders, als der Wunſch, daß der Glanz des Gol=
des und Silbers auf dem Kleide in anderer Menſchen
Augen ſtrahlen ſoll? Warum wünſcht er aber dies?
Was iſt denn eigentlich das Vergnügen, das er darin=
ne ſucht, daß Gold und Silber von ſeinem Kleide in
anderer Menſchen Augen ihren Glanz werfen ſollen?
Daß andere einen Gold= und Silberglanz auf meinem
Rocke ſehen, daß andere dies von mir ſagen, ich hät=
te ein Gold= und ſilberreiches Kleid an, daß ich ſelbſt
den Gold= und Silberglanz auf meinem Kleide ſehe,
und daß ich die Sage anderer Leute von meinem Gold=
und ſilberreichen Kleide weiß, wie kann dies Luſt für
meine Seele ſeyn? Mein Leib wird dadurch weder ge=
ſunder, noch ſtärker, noch in dem Bau und der Ge=
ſtalt ſeiner Organe und Gliedmaſſen ſchöner; ich habe
dadurch nicht mehrere und beſſere Nahrung für meinen
Körper; meine Seele wird nicht dadurch gerechter, lie=
bevoller, und weiſer, und ihre Fähigkeiten bekommen
dadurch nicht das geringſte Wachsthum. Da alſo die
Kraft und der Wirkungskreis meines Weſen nicht da=
durch vergrößert, und erweitert wird, ſo bilde ich mir
nur

nur ein, daß es für mich etwas gutes, oder schönes sey; durch Gold und Silber auf meinem Kleide die Augen der Menschen reizen zu können. Ich gewöhne nun meiner Seele an, Sachen und Verhältnisse, die nicht reell, nicht wahr, nicht gut sind, sich als Realitäten, als Wahrheit, als Gutes einzubilden, und darnach zu handeln. Muß ich aber durch diese Angewöhnung zum Schein nicht täglich zur Erkänntniß der Wahrheit unbeholfener werden? Wird mein Herz nicht täglich gegen Wahrheit, und alles, was Wahrheit fordert, gefühlloser werden? Soll ich mir nun noch schmeicheln, daß ich ein würdiger Mensch sey, da Menschenwürde ohne herrschende Wahrheitsfreude nicht gedacht werden kann? Wie werde ich bey diesem meinem Unwerthe, dem größten, zu dem die Menschheit erniedriget werden kann, bey der Gefühllosigkeit an Wahrheit, und der Unfähigkeit, die Wahrheit in ihrer rechten Gestalt zu finden, wie werde ich bey diesem Unwerthe der menschlichen Gesellschaft nützlich seyn können? In alles wird sich meine überspannte Einbildung eindrängen, und mein Herz vor allen Eindrükken verschliessen, welche ihre Stimmung nicht befriedigen.

Wie mich in dem vorgestellten Falle meine Einbildung zu allem Wahren und Guten entnervet; so geht mirs in einem jeden von andern Millionen ähnlichen Fällen, in welchen sich mein Herz nach blos eingebildeten Gütern ausstrekt. Es ist nicht Realität für mich und meine Mitmenschen, daß ich meinen Kopf mit allerley farbigten Federn bestecke. Ich bilde mirs nur ein, daß es Schönheit sey, und wünsche, dadurch die Sinne anderer Menschen zu reizen, und

Begier-

Begierden nach dem Genuß meiner Reize in ihren Seelen zu entzünden. Bilde ich mir aber erst in farbigten Federn auf meinem Haupte ein Gut für mich ein;
wie wird nicht diese verstimmte Einbildungskraft arbeiten, um ihren unersättlichen Hunger nach Farben,
und Figuren und Schein zu stillen? Immer Dich-
ten und Trachten auf neue Gestalten, selbst auf die
unnatürlichsten — das wird meine angelegentlichste
Thätigkeit. Die Wahrheit, die ich nicht mit gan-
zem Ernste suchen kann, wird mich fliehen, und nun
wird mein Thun und Lassen Unglük und Fluch für
meine Mitmenschen seyn.

Diese traurige und die Menschheit entehrende
Folgen, welche die Eitelkeit mir zuzieht, treffen mich
auch, wenn ich mich der Weichlichkeit überlasse, und
nur sinnliche Lust zu meinem ersten Zwek mache. Thätigkeit und Geschäfte, die eine Anstrengung der See-
lenfähigkeiten, und der Leibeskräfte erfordern, werden
mir zum Ekel; ich verliehre alle Kraft zum ernstlichen
Nachdenken über Ursachen und Folgen, über die Verhältnisse zwischen dem Gegenwärtigen, Vergangenen
und Zukünftigen, über die Gesetze, die Gott zum dau-
erhaften Glük der Menschen in die Natur gelegt hat,
und meine Organe werden aller, zum Denken, Thun,
und Ertragen erforderlichen Elastizität gänzlich beraubt.

Wie wird nun wohl die menschliche Gesellschaft
glüklich seyn können, wenn die entmannende Eitelkeit
und Weichlichkeit die Kräfte zu Realitäten täglich mehr
vermindert?

In dem Aufwande, welchen die herrschende
Sinnlichkeit und Eitelkeit machet, zeigt sich ihre ver-
derb-

derbliche Wirkung am deutlichsten. Die Begierden nach Lust der Sinne und nach den Gütern der Einbildungskraft haben keine Grenzen. Ohne Unterlaß wachsen sie. Daher müssen die Kräfte und das Eigenthum der Menschen immer mehr auf die Erwerbung dieser Genießungen gerichtet, und verwendet werden. Aber es ist schlechterdings unmöglich, daß die Richtung der Kräfte und des Eigenthums zu gleicher Zeit auf die Vervielfältigung der zum Menschenleben erforderlichen Materialien gehen könne, da die Güter der Einbildungskraft, und die bloße Sinneslust jenen Materialien ganz entgegengesezt sind. Je mehr also die Begierden der Menschen nach bloßer Lust der Sinne sich ausstrecken, und je mehr die Einbildungskraft arbeitet, neue Reize für die Sinne zu erfinden, und auszubreiten; desto mehr Kräfte, Zeit und Eigenthum müssen die Menschen von der Hervorbringung derjenigen Güter wegwenden, welche das Menschenleben stärken, erhöhen, und vervielfältigen. So verursachen dann die Ausgaben der herrschenden Sinnlichkeit und Eitelkeit eine unvermeidliche Verminderung der Auslagen auf die Unterstützung des Menschenlebens. Der Werth, den eine bloße Sinneslust kostet, und der, welchen die Eitelkeit zu ihrer Befriedigung erfordert, könnten ein Menschenleben von seinem Untergange retten, oder noch für ein Menschenleben Materialien zubereiten. Mithin wird durch die Depensen der Sinnlichkeit und Eitelkeit immer ein Menschenleben entweder zu Grunde gerichtet, oder von seinem Daseyn zurükgehalten. Mangel, Noth, Elend, Seufzer, Thränen, Klagen, Schreyen, Verzweiflung, Gewaltthätigkeiten, dieses ist das unseelige Gefolge, mit welchem die herrschende

schende Sinnlichkeit, und Eitelkeit den Erdboden über-
schwemmet. „

Endlich frage ich noch : welches ist besser für
den Menschen, welches ist seiner Bestimmung am ge-
mäßesten? ists dies, daß der **innere unsterbliche**
Mensch über den sterblichen thierischen Theil, und
seine Triebe herrsche; oder dies, daß das Thierleben
des Menschen über die Thätigkeit des Geistes die Ober-
hand habe? ist es besser, daß der Körper durch Ma-
stung und Kitzel über den Wahrheits-Sinn der Seele
in die Höh gehoben werde, oder daß die Seele, um
nicht in Erforschung der ewigen Wahrheit, und in
Kraft und Uebung der Liebe aufgehalten zu werden,
ihren thierischen Theil an Nahrung seiner Lust Mangel leiden lasse? Wer sich für die Pflegung und Be-
lustigung des Körpers, der Sinne, und der Einbildung
erklärt, der kann aber doch gewiß mit keinem gröf-
sern Rechte diese Parthey nehmen, als der, welcher
sich für die Bezähmung der thierischen körperlichen Lüste, und für die Weidung der Seele in den Gefilden
der Wahrheit und ächten Liebe erklärt. Gewiß kann
jener seinen gewählten Weg zu seinem Glük weit weniger mit Ueberzeugung richtig nennen, als dieser den
seinigen.

Die Erfahrung lehrt auch aufs vollständigste,
daß der Körper des Menschen, durch die Uebung, unangenehmen Eindrücken der äussern Dinge ihn auszu-
setzen, dauerhafter, und zu Bewirkung der guten und
weisen Absichten der Seele geschikter gemacht wird.
Wer von Jugend auf seinen Leib an strenge Kälte ge-
wöhnt, der kann auch nachmals in kalter Jahrszeit,
und

und an kalten Tagen in freyer Luft Arbeiten verrichten, die der nicht verrichten kann, der seinen Leib immer in warmen Zimmern hat bähen lassen. Wer von Jugend auf seinen Leib zu groben einfachen Speisen ange= wöhnt, der kann seine Unterhaltung mit weit gerin= gern Kosten bewirken, und mehr für seine Mitmen= schen thun, als wenn er von Jugend auf nur durch ausgesuchte Delikatessen sich verzärtelt hat. Wer sei= nen Leib von Jugend auf zur Ertragung des Hungers und Durstes angewöhnt, der kann in hundert Gele= genheiten weise und gute Absichten der Seele ausfüh= ren, ohne sich durch Hunger und Durst darinnen stöh= ren zu lassen. Wer aber weder Hunger, noch Durst ertragen kann, der ist in solchen Umständen nicht ver= mögend, die edlen Wünsche der Seele zu erfüllen, wo Hunger und Durst den Körper nagen. Wer seinen Leib von Jugend auf zu Leiden und Schmerzen ange= wöhnt, der fürchtet sich nicht für solchen Leiden und Schmerzen, wenn er sie um der Gerechtigkeit, oder des Guten willen ausstehen soll. Wer aber am Leibe nicht leiden kann, der wird in tausend Fällen durch die Drohung von Schmerzen und Plagen des thieri= schen Menschen von der Ausführung edler und grofer Absichten zurückgeworfen werden. Den Leib für alle Zufälle des Lebens hienieden abhärten, und ihn zu aus= dauernder Ertragung der Schmerzen stählen, um auf den rauhen Wegen, die zum Guten, und zum Wohl des menschlichen Geschlechtes führen, ungestöhrt, und ohne Furcht fortwandeln zu können, dies gehört unter die großen Bestimmungen der Menschheit in die= ser Welt.

Aber

Aber nun noch die Hauptsache! Der unendliche Urheber der Natur, **Gott**, ist **selbstständige Wahrheit, Gerechtigkeit und Liebe.** Er nähert sich gewiß jedem Wesen, das Wahrheit und Gerechtigkeit sucht, und sich nach Liebe innigst sehnt, und das also die selbstständige Wahrheit, Gerechtigkeit und Liebe zum Mittelpunkte seines Strebens, und aller seiner Thätigkeit macht, und nicht ein geringeres Gut höher schätzt, als das höchste, von welchem alles übrige sein Daseyn erhält. Wenn ich in allem Thun und Lassen die reinste und beharrlichste Anhänglichkeit an meinen weisen, liebevollen, und gerechten Freund zeige, wenn ich ihn so hoch schätze, daß ich seinen Rath bey jeder Gelegenheit suche, daß ich ihn über alles, was mein Interesse betrft, frage, daß ich die Werke und Früchte seiner Weisheit und Liebe recht studire, und meine Zeit immer gern in seiner Gesellschaft zubringe, um von ihm zu lernen, was ich nicht weiß; wenn ich ihn unabläßig bitte, mir die nöthige Aufklärung in Sachen meines Wohls zu ertheilen, und seine Känntnisse mir einzuflößen; wenn ich das alles thue: wird und kann wohl mein Freund sich von mir wegwenden, kann er mir die Mittheilung seines Rathes, seines Beystandes, seiner Einsichten versagen? Ganz gewiß nicht! Ists denn aber mit **Gott,** dem weisesten, gerechtesten, und liebevollesten Wesen anders? Wahrhaftig es ist kein Gott möglich, wenn er nicht seine göttliche Wirkungen auf solche Menschen äußert, die sich mit ihrem unsterblichen Theile, das ist, im Geiste, und in der Wahrheit, redlich und ernstlich zu ihm wenden, und die wahre Weisheit, Gerechtig-

keit

keit und Liebe von ihm als der einzigen selbstständigen
Quelle derselbigen begierigst suchen.

Wer mir hier widersprechen will, wer mich eines
Enthusiasmus der Imagination, oder der Schwärmerey beschuldigen will, der prüfe sich doch nur einmal
aufrichtig, was die Ursach seines Widerspruchs und
seiner Beschuldigung sey. Ists nicht die, daß er
selbst in seiner Seele keine solche Erfahrung hat?
Aber wie kann ein nur halb vernünftiger Mann einem
andern deswegen eine Empfindung, oder Erfahrung
in seiner Seele ableugnen, oder bestreiten, weil er
selbst diese Erfahrung noch nicht gemacht hat? Ich
kann hundert Erfahrungs-Ideen in der Chymie erhalten und gesammlet haben, von welchen tausend andere,
sonst auch gelehrte Männer, noch keine einzige gehabt
haben; und in der Sphäre der Wirkungen der Seele
sollte es nicht auch so seyn können? Wer mir hier
antwortet, daß er gleichwohl schon gewünscht habe,
in seiner Seele die gleichen Erfahrungen zu empfinden,
und doch von denselben leer geblieben sey, der sage mir
erst redlich, ob er auch ganz gewiß einen **Gott** glaubt?
ob er ganz gewiß glaubt, daß der **Gott** unendliche
Weisheit, Gerechtigkeit, und Liebe sey; daß alles
Gute von **diesem Gott** komme, und daß auch er
selbst alles, was er hat, von **Gott** habe? ob er ganz
redlich gegen diesen **Gott**, als seinen Schöpfer, und
Vater, und Herrn gesinnt ist, und sich innigst verbunden glaubt, alle seine Kräfte, alles, was er hat,
diesem **Gotte** aufzuopfern? ob er wirklich glaubt,
und empfindet, daß er ohne **diesen Gott** in allem
Betrachte nichts sey? ob er die aufrichtige ernstliche

Stre-

Strebung empfindet, nur von diesem allmächtigen Gottesgeiste Weisheit, Gerechtigkeit, und Liebe zu empfangen? Wenn er das alles mit Wahrheit als ein redlicher Mann sagen kann, so hat er gewiß jene Erfahrungen von Gottes Einflüssen auf seine Seele in reichem Maaße gehabt, und hat sie noch. Aber zuverläßig glaubt und empfindet er das alles nicht, wenn er mir meine Erfahrungen bestreiten will. Der feste Glaube, und die Empfindung, von welcher ich geredet habe, sind die Bedingungen, ohne welche kein Mensch sich Gotte annähern kann, und ohne welche er die Einwirkungen der Gottheit nicht genießen kann. Machst du dir, mein Freund! wirklich aus den Gütern und Genießungen das meiste, daraus Gott das meiste macht? aus der Wahrheit, Gerechtigkeit und Liebe? oder ist nicht dein größtes Anliegen thierische Lust, und eitler Stolz? Kannst du aufrichtig und redlich auftreten, und sagen, daß du von dem letzten rein bist, und an den Genießungen des Geistes dein erstes Vergnügen empfindest, so suche Gott: Du wirst in deiner Seele unaussprechliche Empfindungen aus den Einwirkungen Gottes fühlen, und neue Stärke zur Weisheit, Gerechtigkeit und Liebe wird dich erheben, die du noch nie in dir erfahren hattest.

Diese geistige Genießungen in der Gemeinschaft mit Gott, sind die höchsten, die der Mensch haben kann, und die er für sein unsterbliches Leben suchen soll. Er ist also gewiß berechtiget, alles, was ihm darinnen Hinderniß ist, zu entfernen, oder zu überwinden. Aber es giebt keinen größern Widerstand auf
dem

dem Wege, **Gott** zu genießen, als die Triebe des
thierischen Wesens im Menschen, oder die körperlichen
Lüste des äußern Menschen. Wer sich diesen überläßt,
ist schlechterdings ausser Stande, die Kräfte seines
Geistes so mit den Gedanken an **Gott**, die einzige
Quelle aller Gerechtigkeit, Weisheit und Liebe, zu be-
schäftigen, als es zur Empfänglichkeit der göttlichen
Einflüsse, und zum ununterbrochenen Wachsthum an
Gerechtigkeit, Liebe und Weisheit erfordert wird.
Wenn nun ein Mensch hiervon überzeugt ist, oder auch
nur daran fest glaubt, daß sein thierisches Wesen ihm
Hindernisse im geistigen Umgange mit Gott in den
Weg lege, so handelt er redlich nach **seiner Pflicht**,
wenn er seinem Körper die Nahrung der Lüste entzieht,
und ihn durch Leiden seinem unsterblichen Geiste unter-
thänig macht. Das allerwenigste aber, was man sa-
gen kann, ist doch gewiß dies, daß der Mensch **ein**
Recht hat, so zu handeln.

Ich will einmal **zwey Menschen** gegen einander aufstellen, davon der eine den Gedanken für wahr
hält, daß der innere unsterbliche Theil des Menschen
seine Bestimmung entweder gar nicht, oder nicht vollkommen erfüllen könne, so lange er nicht um der geistigen Genießungen willen die thierischen Lüste bezähmt;
der andere aber diesen Gedanken für Schwärmerey ansieht, und in den Belustigungen des Körpers keine
Hinderniß der Vervollkommung des innern Menschen
findet. Kann wohl **nach der wahren Gerechtig-**
keit einer von dem andern **zwangsweise** fordern,
daß er seinem Gedanken entsagen, und dem Gedanken
des andern beypflichten solle? Kann einer zwangs-

weise

weise fordern, daß der andere ihm Recht gebe, und seine eigene Meinung fahren lasse? Gewiß verstattet die **Gerechtigkeit** dieses nicht. Wenn der eine das **Recht** behauptet, seinen Gedanken zu folgen, so muß er dem andern warlich das gleiche Recht zugestehen. Wenn sich nun auch der größte Theil des Menschenge= schlechts zu des einen Parthey schlüge, so würde der andere des ihm zustehenden Rechtes doch nicht beraubt werden dürfen, seinen eigenen Empfindungen in Ab= sicht **auf seine in ihm selbst sich begrenzende Thätigkeit** gemäs zu handeln. Wäre es also, daß der, welcher die geistigen Genießungen in Gott für Schwärmerey, oder gar nur Grillenfängerey hält, die Befriedigung der thierischen Triebe aber, und den Ge= brauch der körperlichen Güter zu seinem Haupt=Augen= merk macht, den, der sich den geistigen Geschäften der Seele überläßt, mit Hohn, Spott, Beschim= pfung und Zwang verfolgen wollte; so würde er offen= bar der Gerechtigkeit zuwider handeln. Wenn er sich berechtigt glaubt, den andern, der nicht so empfindet, und denkt, wie er, in Schriften oder durch Thaten mißhandeln zu können; so spricht er wider sich selbst das Urtheil, daß er verdiene, auf gleiche Weise miß= handelt zu werden. Gerechtigkeit, und Weisheit, und Liebe fordern, daß sie in solchen Fällen ihre Meinun= gen sammt ihren Gründen ohne **Bitterkeit,** ohne **Spötteln,** und ohne **Tücke** einander mittheilen, und darüber **bis zu völliger Uebereinstimmung** handeln, oder beyde so lange schweigen, und jeder sei= nen Gang gehn, bis sie in Ruhe ihre Gedanken prüfen können, oder Gottes Führung sie vereiniget.

Es

Es ist demnach ein unwidersprechliches Menschenrecht, das jeder hat, aus geistigen Geniessungen seine wichtigste Angelegenheit zu machen, und um solche seinem Wunsche gemäs ungestöhrt erhalten, und erhöhen zu können, dem Vergnügen des thierischen Theils seines Wesens, und allem dem zu entsagen, was den geistigen Genießungen des innern Menschen zuwider ist.

Der Trieb zum sinnlichen Vergnügen ist allerdings der thierischen Natur eingepflanzt; aber der Trieb zur Wahrheit, und zu den Freuden des Geistes ist dem innern unsterblichen Menschen auch eingepflanzt. Wem es nun gegeben ist, die göttlichen Freuden des Geistes ohne Theilnehmung an der thierischen Lust zu genießen, der hat **Recht** und **Pflicht** dazu. Wer es aber nicht vermag, von dem wirds auch nicht gefordert, daß er alle thierische Vergnügen aufopfere. Streben aber soll jeder dahin, daß er sich vom Joch des Körpers immer mehr losreiße, um der Freuden des Geistes empfänglicher zu werden.

Zweyter Beytrag.
Ueber die Einsamkeit, und ihre Wirkungen.

Es würde gewiß wenig Aufklärung über die Einsamkeit verschaffen, wenn ich beweisen wollte, daß es auf der einen Seite **Fälle** gebe, darinne die Einsamkeit der Einbildung eines Menschen schaden **kann,**

auch

auch Fälle, darinne die Leidenschaften in der Einsam=
keit zum Verderben der Menschheit ausbrechen kön=
nen, und Fälle, darinne der Verstand des Men=
schen in der Einsamkeit seine Würde verliehren kann;
daß es aber auch auf der andern Seite Fälle gebe, da
die Einsamkeit alle Seelenkräfte zum Guten und Edlen
erhöhen kann. Wenn ich auch beydes mit hundert,
und aber hundert Histörchen, oder witzigen und für
die Spottgeister süssen Darstellungen annehmlich zu
machen suchte, so würde die denkende Welt in der
Känntniß und Empfindung über den wahren Werth
der Einsamkeit durch alle meine Bemühungen nicht
weiter gebracht werden. Jene armseelige Philosophie,
da man die Dinge nur in verschiedene zufällige Ver=
hältnisse setzt, in welchen sie zu ganz verschiedenen Wir=
kungen von thätigen Kräften angewandt werden kön=
nen, und in welchen selbst entgegengesezte Wesen un=
ter einerley Lagen, Bestimmungen, und Folgen auf
ähnliche Art dargestellt werden können, diese armseelige
Philosophie vermag in keinem Fache was anders, als
ein langes ewiges Geschwätz zu machen, ohne das ge=
ringste Licht über die Sachen auszubreiten. Das
Messer kann den Menschen in tausend Fällen höchst
schädlich seyn, und in tausend Fällen sind sie dessen zu
guten Absichten benöthiget. Wenn ich beyde Sätze
ausführlich darlegte, und Beyspiele zusammentrüge,
in welchen unverständige Kinder, bedaurenswürdige
Rasende, eifersüchtige, und hysterische Mätgen, un=
glückliche Liebhaber, und Barbaren Mißbrauch; aber
geschikte Künstler, und Wirthe nützlichen Gebrauch
vom Messer gemacht haben: so würde ich gerade so
ein philosophisches Werk über das Messer liefern, als

ich

ich über die Einsamkeit liefern würde, wenn ichs mit der, wie mit dem Messer, machen wollte.

Nein! der Philosoph, der dem menschlichen Geschlechte über die Einsamkeit was reelles, und wichtiges sagen will, muß solcher Spiele mit Seifenblasen sich gänzlich enthalten, und in das Innere und Wesentliche der Einsamkeit des Menschen einbringen, wenigstens seinen Geist anstrengen, um diesen Zweck zu erreichen.

Der Stand der Einsamkeit eines Wesens, oder einer Kraft ist überhaupt dem Stande ihrer Verbindung mit andern Wesen, oder Kräften entgegengesetzt. Im Stande der Einsamkeit wird die Kraft von aussen weder zu Wirkungen bestimmt, noch in ihrer eigenen Thätigkeit gehindert. Was sie in jedem Augenblick **in sich hat,** das kann sie ungestöhrt in der größten Stärke ganz äußern. Aber da sie nicht auf andere Wesen diese Aeußerung thun kann; so ist sie selbst das Ziel dieser Thätigkeit, und die Frucht ist für sie unaufhaltbares Wachsthum ihres innern Vermögens, ihrer innern Stimmung, ihrer Intension. Sie nimmt an innerer Stärke ihres Wesens zu, und vermag, wenn sie einst ins Gewirre anderer Kräfte eintritt, auf die äußern Gegenstände unendlich mehr, als sie sonst jemals vermogt hätte. Eine Kraft, die nicht im Stande der Einsamkeit wirkt, sondern immer den Einwirkungen anderer von ihr unterschiedenen Kräften ausgesetzt ist, kann niemals die Stärke erreichen, die das natürliche Ziel ihres Wesens ist. Jede Wirkung, die von aussen auf sie geschieht, reißt sie entweder mit sich fort, zu dem, wozu sie noch nicht gestimmt ist, oder

b 5   schränkt

ſchränkt ihre innere Strebung ein, und hindert ſie al=
ſo, zum Ziel zu gelangen. Je mannichfaltiger die
Weſen ſind, von welchen die Kraft umringt wird, je
mannichfaltiger und disharmoniſcher ihre Wirkungen
ſind; deſto mehr wird die Kraft unvermögend, ihre
innere Stimmung zu fühlen, und ſie ganz auf ihren
Zweck anzuwenden. Je mehr die Richtungslinien der
wirkenden Kräfte einander durchkreuzen, je mehr wer=
den ſie allgemeiner Schwäche unterworfen; je länger
aber eine Kraft in der natürlichen Richtung fortwirkt,
deſto ſtärker wird ſie, und je mehrere Kräfte zu ſolcher
Einheit, und in ſolcher Einheit des Richtungs=Ziels
zuſammenſtimmen, deſto leichter erreicht jede den Punkt,
auf welchen ihre Stimmung abzweckt.

Der Effekt der **Einſamkeit** iſt alſo bey jeder
Kraft überhaupt Einheit in der Richtung ihrer
Stimmung, und Wachsthum ihrer Intenſion.

So iſt es nun auch mit der Einſamkeit für die
menſchliche Seele. Wenn die Menſchen=Seele in
dem, was ſie wünſcht, ſtark werden will, ſo muß ſie
alle Zerſtreuung fliehen, und ihre Fähigkeiten im Stan=
de der Einſamkeit ohne Zertheilung auf den Punkt kon=
zentriren, in welchem ſie das Ziel ihrer Wünſche ſucht.
Stark werden im Guten, und Gemeinnützigen, iſt in
den Verwirrungen der Geſellſchaft unmöglich. Stark
werden im Böſen, und Verderblichen, iſt ebenfalls
im Geräuſche der Welt, wo nicht alle Kräfte zu dem
gleichen Böſen zuſammenſtimmen, unmöglich. Der
Menſch mag das Böſe oder das Gute zu ſeinem Haupt=
Augenmerk machen, ſo muß er, wenn er die größtmög=
liche Stärke darinnen erreichen will, die Zerſtreuung

in

in der Welt fliehen, und sich in seine eigene Kraft ein-
sam zusammen drängen. Ohne diese Zusammenzie-
hung alles innern Vermögens auf einen Punkt, erlangt
die Menschen = Seele nie die Macht, über andere ihr
entgegenwirkende Kräfte empor zu steigen, und sie sich
unterthan zu machen. Sie stößt allenthalben an, und
prallt zurück, ohne ihren Zweck zu erreichen.

Nun kommts also auf die Stimmung der Gei-
steskräfte eines Menschen an, welcher die Einsamkeit
aus freyem Entschlüsse sucht. Diejenigen, die aus
Melancholie, oder körperlichen Krankheiten, und aus
Verzweiflung in diesen Zustand übergehen, können hier
ganz und gar nicht in Betrachtung kommen. Wenn
ein Mensch die Absicht hat, zum herrschenden Wahr-
heitssinn zu gelangen, durch innige dringende Liebe gegen Gott seine Seele zu erheben, und weise zu werden, so ist ihm die **Einsamkeit** unumgänglich nöthig. Im Getümmel der Welt, in den die Seele zerstreuenden gemeinen Nahrungsgeschäften, ist es einem
Menschen unmöglich, seinen Geist über die Erde zu erheben, und den innigsten genauesten Umgang mit der
Wahrheit, oder mit Gott pflegen zu können. Je
mehr der Mensch in den Gesellschaften der Welt sein
Wesen hat, je mehr Theil er an ihren Belustigungen
nimmt; desto weiter entfernt er sich vom Wahrheits-
sinn, und von der Liebe gegen Gott und gegen die
Menschheit; desto weniger Geschmack behält er an den
geistigen Geniessungen der Wahrheit und Liebe, und
desto schwerer wirds ihm, für das Wohl seiner Mitmenschen seine Bequemlichkeiten, und sinnliche Freuden aufzuopfern. Die Prüfung des inwendigen See-
len-

len-Zuſtandes, das anhaltende Nachdenken über die Ver-
hältniſſe des Menſchen gegen Gott, die lebhafte Vor-
ſtellung des höchſten Gutes, dies alles iſt bey einem
Menſchen unmöglich, der nicht entfernt von der Welt,
mit ſeinem eigenen Herzen Umgang hat, und nicht ſeine ganze Kraft auf das Unſichtbare zuſammenzieht.

Wenn ein Menſch die Vergnügungen des geſellſchaftlichen Lebens völlig ungeſtöhrt genieſſen will, ſo
muß er ſich von allen Gedanken losreißen, die ſeinen
Verſtand beſchäftigen, die ihm Gegenſtände darſtellen,
welche mit den Ergötzlichkeiten der Geſellſchaft nichts
gemein haben. Würde wohl ein Mann, deſſen Seele
voll iſt von hohen geometriſchen, oder aſtronomiſchen
Kalkuln, von den Geſetzen der anziehenden Kraft der
großen Weltkörper, würde der an den Freuden des geſellſchaftlichen Lebens, oder an den ſinnlichen Annehm-
lichkeiten des Umganges der Welt Antheil nehmen, und
zum geſellſchaftlichen Vergnügen ſeiner Seits wieder
mitwirken können? Würde ein Staatsmann, deſſen
Seele mit wichtigen Planen zur Verbeſſerung der
Staatsgebrechen, zur Verminderung eines verwüſten-
den Kriegs, oder zur Dämpfung eines verderblichen
Aufſtandes im Volk ernſtlich beſchäftiget iſt, würde
der zu der Zeit an den geſellſchaftlichen Unterhaltungen
der Welt, und an den gewöhnlichen Freuden des Umgangs Geſchmak finden, und andern einen angenehmen
Eindruck verſchaffen können? Dies ſind unmögliche
Dinge. Wie nun der äußere ſinnliche Menſch nicht
ganz ſeyn kann, was er zu ſeyn wünſchet, wenn er
ſich nicht von dem innern unſterblichen Menſchen ab-
ſondert; ſo iſts wahrhaftig noch weit weniger möglich,

daß

daß der geistige unsterbliche Theil des Menschen ganz seyn könne, was er zu seyn bestimmt ist, wenn er sich nicht von dem thierischen Theile, und von der äußern thierischen Geschäftigkeit des Menschen absondert, und sein Wesen in der Einsamkeit und Stille hat. Wer nur ein großer Mathematiker und Naturforscher werden will, der muß die gesellschaftlichen Verbindungen und Belustigungen der Menschen vermeiden, und seine Seele ganz mit seinen hohen Gegenständen beschäftigen. Wer in den Staatswissenschaften große Fortschritte machen, und die Ordnung der Staatsgeschäfte zum Besten der Menschheit tief ergründen will, der muß die Stille und Einsamkeit dazu suchen, und je länger er in diesem Zustande verharret, je mehr er sich anstrengt, alle andere Eindrücke von außen auf seine Seele zu verhindern, um ganz ruhig an seinem großen Staatsgeschäfte fortwirken zu können; desto größer wird seine Bekanntschaft mit diesem Anliegen, desto glüklicher bemeistert er sich desselbigen, und desto weniger hat er innerliche und äußerliche Hindernisse zu befürchten, wenn er zur Ausführung seiner Plane schreitet.

So ists nun besonders mit einem Menschen, der den erhabenen Zweck hat, in der beseeligenden Gemeinschaft mit Gott, dem unendlichen Urheber der Natur, zu leben. Diese Gemeinschaft ist nicht etwa für den Menschen ein Traum, oder eine leere Einbildung. Nein! es ist kein Gott möglich, wenn er in keiner Gemeinschaft mit einer redlichen nach ihm fragenden Seele stehen würde. **Gott ist die selbstständige Weisheit, Gerechtigkeit und Liebe.** Hoffentlich

fentlich ist dieser Satz für alle denkende Menschen helle. Selbstständige Weisheit, Gerechtigkeit und Liebe wirkt unaufhörlich ihren Bestimmungen gemäs, um sich mitzutheilen und auszubreiten. Auch der Satz kan unmöglich für einen Menschen, der nicht schon von Empfindung der Wahrheit ganz entwöhnt ist, dunkel seyn. Keine Kraft aber kann sich einem Wesen mittheilen, das nicht harmonisch gegen sie gestimmt ist. Wieder ein sonnenklarer Satz! Also theilt sich Gott den Menschen, und nur denen Menschen ganz gewiß mit, die durch innere Sehnsucht seiner theilhaftig zu werden, sich von den sichtbaren Gegenständen absondern, und unabläßig an Gottes hohe Eigenschaften denken, und ihr Herz an denselbigen innigst vergnügen. Ich bitte alle meine Mitmenschen, diesen simplen Beweis von der Gemeinschaft Gottes mit einer Seele, die sich ihm in einsamer Stille überläßt, aufrichtig und ernstlich zu prüfen, und die Zweifel, die man etwa dabey hat, aus redlicher Liebe zur Wahrheit zu eröffnen. Ich habe das vollkommenste Vertrauen, alle diese Zweifel zur glücklichsten Beruhigung meiner Brüder hinlänglich auflösen zu können.

Wer Gottes Weisheit, Gerechtigkeit und Liebe in seine Seele einsaugen will, der muß sich mit aufrichtigem Verlangen, und mit lebhaftem Gefühl seines innern Unvermögens, und seiner gänzlichen Abhängigkeit von Gott, das ist, in ächter reiner Demuth an dieses höchste Gut wenden, und also ernstlich zu ihm beten. Das Gebet ist die Aeußerung der anziehen-

den

ten Kraft der Seele gegen Gott. Wer nicht eine unüberwindliche innere Tendenz gegen Gott in seinem Wesen fühlt, der kennt Gott nicht als selbstständige Weisheit, als selbstständige Gerechtigkeit, als selbstständige Liebe, oder er ist in seinem Inwendigen so bös gestimmt, daß er die Weisheit, Gerechtigkeit und Liebe nicht mag. Das Gebet kann nie unterlassen werden, wenn die Seele einen inbrünstigen Zug gegen Gott fühlt. Sehnsucht nach dem Gegenstande der Liebe drückt sich immer in feurigen Tönen aus, drängt nicht nur von innen, sondern bricht auch aus in Rufen und lautes Flehen. Auch Gefühl der Freude über Gottes Liebe, und über seine hohen Einflüsse kann nicht verschlossen gehalten werden. Es fließt in herzlichen Dankgebeten, und Lobgesängen über. Nun wird auch die Seele, wenn der Mensch ernstlich zu Gott betet, dadurch immer mehr entflammt, zu Gott sich aufzuschwingen, und nur in seiner Gemeinschaft zu leben. Allein um recht zu beten, muß man sich von der Welt, und ihren Zerstreuungen ganz los winden, und nur in stiller Einsamkeit mit allen seinen Fähigkeiten Gott umfassen.

Wenn nun der Mensch aus solchen Absichten der Welt sich entzieht, um in der Einsamkeit sich ganz dem Umgange mit Gott zu widmen, und Kräfte zu sammlen, die Ehre dieses unendlichen Wesens aufs vollkommenste unter den Menschen zu befördern; wenn er durch göttliche Weisheit in der Einsamkeit die Natur erforschet, um für die leidende Menschheit Hülfsmittel zu ihrem Troste zu entdecken; wenn er seinen thierischen Menschen so bekämpft, daß es ihm nicht mehr

mehr schwer wird, für das Wohl seiner Mitbrüder alles Irrdische aufzuopfern, und selbst für die Bedürfnisse seiner Mitmenschen Mühe und Leiden zu übernehmen: so thut er nicht nur recht daran, sondern es ist ihm so gar Pflicht, in den Stand der Einsamkeit überzugehen.

Der wahre Zweck der Einsamkeit ist also bey einem solchen redlichen, guten Menschen nicht Müßiggang, nicht Wartung und Vergnügung seines Leibes, nicht Entsagung der Menschenliebe. Gerade von allem diesem findet das Gegentheil statt. Der gute Mensch sucht in der Einsamkeit **Kraft**, Menschenliebe auszuüben. Er sucht diese Kraft von Gott selbst zu erlangen, und sammlet göttliche Weisheit und Stärke, auch unter bittern Leiden die Ehre seines Schöpfers und Vaters unter den Menschen auszubreiten, und der gedrukten und leidenden Menschheit beyzustehen.

Der Mensch, der erst durch die Einsamkeit zu einer solchen göttlichen Macht gelanget ist, mag nun, seiner seeligen Stimmung unbeschadet, sein Licht unter den Menschen leuchten lassen. Er mag nun seinen Mitmenschen die Früchte seiner Einsamkeit, oder besser, seiner inbrünstigen Gebete, seiner Selbstverleugnungen, seiner Fasten, seiner anhaltenden Arbeiten, geniessen lassen. Das alles vermag er izt mit göttlicher Weisheit und Macht. Die Welt kann ihn nicht hindern, wenn er sich nicht selbst ihren sinnlichen Belustigungen, und ihren irdischen Geschäften hingiebt.

Wie ist es aber mit einer Einsamkeit, die ein guter redlicher Mensch bis an seinen Tod fortsetzet? oder nie wieder verlassen will? Ist dies auch ein Recht,
das

das der Mensch von dem Unendlichen erhalten hat? Allerdings hat ein Mensch das unwiderrufliche Recht, die höchste Geniessungen für seine Seele zu suchen. Diese besteht aber allein in den beseeligenden Empfindungen der Einwirkungen Gottes. Eine höhere Bestimmung giebt es für den Menschen nicht, als in dieser innigen Gemeinschaft mit Gott zu leben, und sich ganz der Leitung des Gottes-Willens zu überlassen. Der Unendliche, den der Mensch von ganzer Seele sucht, und dem er sich völlig unterwirft, führt diesen seinen innigen Freund gewiß nach seinen Absichten; braucht ihn also in seinem Reiche zur rechten Zeit, und am rechten Orte zu den Geschäften, zu welchen er ihn tüchtig und werth findet. Dieses Leben hieseits des Grabes ist nicht das Ende. Erst jenseits des Grabes fangen sich die großen Werke des göttlichen Staates für den Menschen recht an. Hie ist alles Zubereitung, Bildung und Erziehung für jene Welt. Wenn also ein Mensch, um sich völlig dem geistigen Umgange mit Gott zu widmen, den Entschluß fasset, auch sein ganzes Erdenleben hindurch in Einsamkeit zuzubringen, und dem Andenken an Gott, und göttliche Dinge bis an seinen Tod seine Kräfte und seine Zeit aufzuopfern; so ist dieser Entschluß der Bestimmung des Menschen völlig gemäs, und er hat das unstreitigste Recht, denselbigen auszuführen.

Es läßt sich nicht sagen, daß ein solcher Mensch der Pflicht zuwider handele, in diesem Leben seinen Mitmenschen nützlich zu seyn. Er hat allerdings diese Pflicht auf sich. Aber ihre Erfüllung fordert nicht, daß er **persönlich** an den Gesellschaftsverbindungen

der

der Welt Antheil nehme. Sie wird erfüllt, wenn
der Mensch zum wahren Besten seiner Brüder wirkt,
und dies kann von ihm aus der einsamsten Stille geschehen, wenn er für die leidende Menschheit betet,
und wenn er aus seiner stillen Hütte dem menschlichen
Geschlechte seine Weisheit, und die Früchte seiner Liebe mitzutheilen, die Menschen aufzuklären, und in ihren Nöthen zu trösten, und zu erquicken, sich wirksam
beweißt. Das ist wahrhaftig schon viel gethan für die
Menschen, wenn er seinen Gott im Geist und in der
Wahrheit ansieht, daß er sich der armen unwissenden
und irrenden Brüder, der Gedrückten und Nothleidenden erbarmen, und jene auf die Bahn der Wahrheit
führen, diese aber aus ihrem Elend herausreißen, und
von ihrem harten Joche befreyen wolle, wenn er seine
großen beseeligenden Ideen und Empfindungen zur rechten Zeit und am rechten Orte ausgießt, wenn er mit
seinen gemeinnützigen Naturkänntnissen ihnen Hülfsmittel darbietet, ihrem körperlichen Elende abzuhelfen.
Mithin hat jeder Mensch das Recht, sich für dieses
irrdische Leben ganz in den Stand der Einsamkeit zu begeben, und bis an seinen Tod darinnen zu verharren.
Es ist aber nicht ein jeder hierzu verbunden, weil nicht
ein jeder die Gabe von Gott dazu erhalten hat.

Was ich hier über die Einsamkeit gesagt habe,
kann freylich dem nicht einleuchten, der sich durch af-
fektirte witzelnde Philosophen bey der Nase herumziehen läßt, oder dem schief dargestellte Geschichtgen,
muthwillige Vons Mots, ausgelassene Spöttelegen
über das geistige Leben des innern Menschen lieb sind.
Aber ich antworte mit Herrn Hofrath Zimmermann,
nur

nur mit größerm Rechte, als er: „Ueber das, was
„ich mit würdigen Männern, mit einem Kramer,
„Spalding, Obereit und andern über die Einsam=
„keit vorgelegt habe, hätten diese meine bedaurenswür=
„dige Brüder (jene Herren dort, schreibt Zim=
„mermann) nicht gespottet, wenn sie (jene Her=
„ren dort, wiederholt Zimmermann) wüßten,
„daß es ungerechte Anmaßung ist, (daß es ein Mahl=
„zeichen der Dummheit ist, sagt Zimmermann)
„über Dinge zu spotten, für die man keinen Sinn hat.„

Dritter Beytrag.

Ueber geistliche Gesellschaften unter den Men=
schen, und Klöster.

Alle Angelegenheiten, um welche sich einzelne Men=
schen zu bekümmern berechtiget sind, können auch
Angelegenheiten besonderer Gesellschaften unter ihnen
werden. Denn die einzelnen Menschen können, um
den Zweck ihrer Menschenrechte in größerer Geschwin=
digkeit, und in größerer Vollkommenheit zu erreichen,
ihre Fähigkeiten und Einsichten vereinigen, einander
in Beförderung ihres Augenmerks Hülfe zu leisten.

Die Vervollkommung des innern unsterblichen
Menschen, und die dazu erforderlichen geistigen Uebun=
gen sind unter allen Geschäften für die Menschheit die
wichtigsten und erhabensten. Sie können auch durch
die enge Vereinigung gleichgestimmter Seelen vorzüg=

lich befördert werden. Denn es ist psychologisch gewiß, daß ein Freund der Weisheit Gottes durch die ernstlichen Bestrebungen eines andern gleichgestimmten Freundes weit stärker entflammt wird, sich zu Gott zu erheben, als wenn er ganz allein sich zum Himmel schwingen will. Gleiches zieht immer das Gleiche an, und es ist überhaupt in der **Vereinigung** göttlich denkender Seelen eine Macht, die nicht ausgesprochen, sondern nur empfunden werden kann. Wenn die eine mit Inbrunst betet, so zündet sie in der andern den gleichen himmlischen Trieb an, ihr Herz zu Gott zu wenden, und sich mit ihm, kindlichen Vertrauens voll, zu unterreden. Eine vermag immer lebhaftere und stärkere Ideen von göttlichen Dingen in die andere einzuflößen, und aufsteigende Zweifel in der andern zu zerstreuen, und erhabene freudige Empfindungen der göttlichen Liebe und Freundschaft in der andern zu erregen. Kurz! weise, gerechte und liebevolle Seelen können in ihren Verbindungen, die sie den Uebungen der Gerechtigkeit, Liebe und Weisheit heiligen, in der Erhöhung ihrer moralischen Vollkommenheiten Wunder thun, und sich zu den würdigsten Organen des wahren Glücks des menschlichen Geschlechts ausbilden. Welche erstaunliche Fortschritte in der Känntniß der Natur können nicht solche Männer thun, die im Genuß der Freundschaft Gottes vereinigt, mit unaufhaltbarer, reiner Begierde, Gottes Werke zum Besten der armen Menschen innigst erforschen, mit gemeinschaftlichen Kräften die Schätze der Natur betrachten, und in ungestöhrter Einsamkeit Beobachtungen und Versuche anstellen, um die wirkende Kräfte der Wesen zu erkennen, und zu Vervollkommung des Menschenlebens

anzuwenden! Welche Wirkungen können solche liebe-
volle Naturkenner für das menschliche Geschlecht schaffen! Nahrung und Gesundheit, und Aufklärung,
und Wohlstand werden mit dem glücklichsten Sukzeß befördert werden.

Solche Menschen, die ihre Einsichten, ihre Fähigkeiten, ihre Gesinnungen zur Ehre des allgemeinen
Vaters der Welt, und zum Besten ihrer Mitmenschen
vereinigen, und keinen andern Zweck haben, als diesen,
werden zuverläßig ihre eigenen thierischen und sinnlichen Bedürfnisse so weit einschränken, daß sie nicht in
ihren geistigen Geschäften dadurch gestöhrt, und zu
Befriedigung der Bedürfnisse ihrer Mitmenschen nicht
unvermögend gemacht werden. Alle nur auf Eitelkeit
und Weichlichkeit abzielende Arten des Luxus werden
sorgfältigst vermieden, und alles Aeußerliche einer solchen würdigen Gesellschaft wird immer mit den himmlischen Gesinnungen ihrer Glieder aufs beste überein-
stimmen.

Pracht in Kleidung, Pracht in Hausgeräthe,
in Gebäuden, und in Equipage, alles das, was die
Vanitäten der Welt so sehr nährt, wird bey solcher
Gesellschaft fremd seyn, und sie wird ihr ganzes Vermögen dazu anwenden, ihre Mitmenschen aufzuklären,
und sittlich zu bilden, die Armen und Nothleidenden
zu erquicken, die Nackenden zu kleiden, die Kranken zu
warten, und zu heilen, beyde die Müßiggänger, und
die ohne ihre Schuld Arbeitslosen, zu gemeinnütziger
Arbeit anzustellen, und durch diese Werke das menschliche Geschlecht zu beglücken.

So-

Sogar in dem Falle, da diese Gesellschaft sich auch nicht der Veredlung des innern Menschen befleißigen, und nicht den geistigen Umgang mit Gott über alles suchen würde, müßte sie der Welt doch von unendlichem Nutzen seyn, wenn sie nur zu ihren Grundgesetzen annähme, alle Werke der Vanität zu unterlassen, und ihre Güter, und ihr Vermögen für das äußere Wohl das Staats zu sammlen, und zu gemeinnützigen Absichten zu verwenden.

Also wäre es der offenbarste Eingriff in die Menschenrechte, wenn man die Menschen mit Gewalt abhalten wollte, in solche Gesellschaften zu treten, oder wenn man solche Gesellschaften willführlich, und mit Zwang trennen, und sie ihres erworbenen Eigenthums, oder ihrer gesellschaftlichen Rechte berauben wollte.

Die **Klöster** sind ihrer Bestimmung nach solche geistliche Gesellschaften. Ihr wesentlicher Zweck besteht in der Nachfolge Jesu Christi, oder in der Bezähmung der Sinnlichkeit, und Eitelkeit, und des selbstsüchtigen Stolzes. Die Glieder der Klöster entsagen den Belustigungen der Welt, und dem Umgange mit derselbigen, um ihre Zeit, Kräfte und Güter auf ihre moralische Vervollkommnung, und zum wahren Besten der Menschheit, und zur Ehre Gottes und Christi anzuwenden. Dies sind die wesentlichen Bestimmungen der Klöster.

Nun frage ich: ist denn die Absicht, die thierische Sinnlichkeit, die Eitelkeit, und den Stolz zu verleugnen, nicht gut, nicht edel, nicht erhaben? und ist es nicht nothwendig, um diese Absicht zu erreichen, sich dem gemeinen Umgange mit der Welt zu entziehen

und

und den geiſtigen Umgang mit Gott zu ſuchen? Hat
nicht ein jeder Menſch das Recht, nach dieſen vollkommenen Verhältniſſen zu ſtreben? und haben nicht die
Menſchen das Recht, ſich um dieſer groſſen Endzwek-
ke willen mit einander zu vereinigen, ihrem thieriſchen
Theile wehe zu thun, und die Herrſchaft des Geiſtes
über ihr Fleiſch zu erſtreben? Es iſt alſo unumſtöß-
lich gewiß, daß die Menſchen, **denen es gegeben
iſt,** berechtiget ſind, nicht nur den Stand der Einſamkeit für ſich zu wählen, ſondern ſich auch in **Klöſtern** von der Welt abzuſondern, um da das geiſtige
Leben zu kultiviren. Wer ſie mit Gewalt daran hindert, und ihre geiſtliche Vereinigung zerſtöhrt, handelt offenbar dem **Rechte der Menſchheit** entgegen,
und eignet dem thieriſchen Weſen mehr Werth zu, als
dem geiſtigen Leben des innern unſterblichen Menſchen.

Wenn aber auch die Menſchen, die ſich in eine
geiſtliche Geſellſchaft, oder in ein **Kloſter** begeben,
nicht die wahre Abſicht dieſer Vereinigung vor Augen
haben; wenn ſie auch wirklich, wie andere Menſchen,
ihren thieriſchen Trieben folgten: ſo würden ſie dennoch ſchon dadurch unendlich viel Gutes für den Staat
wirken, daß ſie nach der Grundverfaſſung ihrer Geſellſchaft die Kleider= und andere Pracht vermeiden
müſſen, und Reichthümer ſammlen, um von denſelbi-
gen allerley gute Plane auszuführen. Lebten ſie endlich auch ganz wie Ganerbengeſellſchaften, oder wie
weltliche Güterbeſitzer meiſtentheils leben, verwenden
ſie nemlich ihre Fonds zu ihrem Vergnügen, und ſor-
gen ſie nur für die Aufrechthaltung ihrer Oekonomie:
ſo müßten ſie doch ihrer Beſitzungen und Güter nicht

be-

beraubt werden können, so lange man ihnen den Vor=
wurf nicht machen kann, daß sie durch ihr Betragen
die wahre Gerechtigkeit verlezten, und sich solche
Rechte über die Güter anmaßten, die sie nie erhalten
hätten.   Und wenn man ihnen eine solche Ungerechtig=
keit mit Grunde vorwerfen könnte, so fordert nun
doch die **weise Liebe,** daß man sie zuförderst ermah=
net, ihr Leben der Absicht, und Bestimmung ihres
Berufs gemäs einzurichten, daß man sie von ihren
Pflichten gehörig aufkläret, kurz, daß man ihre Ver=
fassung verbessert, ehe man ihre Verbindung trennet,
und ihnen ihre Güter entzieht.

Vierter Beytrag.

Von dem ehelosen Leben der Geistlichen, und
der Klosterleute.

Der Trieb zum Beyschlaf, um Vergnügen zu em=
pfinden, oder besser, die Begierde durch Bey=
schlaf den Geschlechtstrieb zu stillen, ist in der That
blos Werk des thierischen Menschen.   Nur der thut
der Forderung der Vernunft, oder des Geistes Genü=
ge, der der Liebe seiner Freundin genießt, und in der
Vereinigung mit ihr ein zur Weisheit, Gerechtigkeit
und Liebe gleichgestimmtes Leben zu vervielfältigen, die
Absicht hat.

Der Mann hat das Recht hienieden zum Bey=
schlafe mit seiner Freundin, nur, in wiefern er das
Recht hat, die Menge guter und gerechter Menschen

zu

zu vermehren. Ohne diesen Zweck hat er kein Recht
zum Beyschlafe. Aber der Beyschlaf ist nicht zuver-
läßige Bildung eines neuen Menschenlebens, noch weniger ist dies gewiß, daß der gebildete neue Mensch ein
Organ der Gerechtigkeit, Liebe und Weisheit in dieser
Welt werde. Daher hat der Mensch eben so wohl das
Recht, seinem Geschlechtstriebe zu widerstehen, und
sich alles Beyschlafes zu enthalten, als jenen zu befriedigen, und das Vergnügen des Beyschlafes zu genießen. Der ungenannte Verfasser des in seiner
Grundlage erschütterten Koloß des Mönchthums
behauptet, daß Gott die Fortpflanzung des menschlichen Geschlechts durch den Weg des Beyschlafes geboten habe, daß jeder Mensch, der
nicht heyrathe, das große Werk der Schöpfung unterbreche, die Vermehrung der Menschen vermindere, und hiemit alle Absichten des
Schöpfers vereitle, seine weisesten Anstalten zer-
störe, der Erde so viel nützliche Bürger, und
dem Himmel so viel Einwohner entziehe. Wenn
überhaupt jemals ein Schriftsteller unter sehr bekannten und nützlichen Wahrheiten eine unzählige Menge
unreifer Einfälle und unrichtiger Gedanken eingemischt,
und alles in einem wirklichen Chaos ohne Ordnung unter einander geworfen, und fremde zum Zweck gar nicht
dienende Materien mit der ekelhaftesten Weitläuftig-
keit eingeflochten hat, so ist es der Verfasser des Koloß, und in der Kunst zu schimpfen hat er sich fast
durchaus als einen Meister bewiesen. Das wird kein
Mensch, auch der größte Gelehrte nicht, beweisen können, daß Gott einem jeden einzelnen Menschen, als ein unverletzliches Gebot aufgeleget

c 5

habe,

habe, mit einer Weibsperson in eine Beyschlafsgesellschaft zu treten. **Gottes Wort,** das an die beyden neu erschaffenen Menschen ergieng, heißt nichts anders, als: **ihr werdet nun fruchtbar seyn, und euch vermehren, und die Erde anfüllen.** Gott sahe es, daß das menschliche Geschlecht auf dem Erdboden sich vervielfältigen würde, und Gott äußerte ihnen, daß sie das immerhin thun möchten; aber das war nicht Befehl von ihm, daß **jedes Glied in der** großen Menschenkette, **jeder einzelne Mensch, das Werk der Fortpflanzung verrichten solle.** Gott sagte den Menschen voraus, was nun auf der Erde durch sie geschehen, oder erfolgen würde: Sie würden die Erde mit Menschen anfüllen, und sich dieselbige unterthan machen.

Wann der Verfasser des Koloß sagt: „**Jeder** „**Mensch, der nicht heyrathet,** unterbricht das „große Werk der Schöpfung, vermindert die Vermeh-„rung der Menschen, vereitelt die Absichten des Schö-„pfers, entzieht der Erde so viel nützliche Bürger, und „dem Himmel so viel Einwohner; „ so hat er zuverläßig den gesunden Menschenverstand nicht gehört. Ist denn **jede Heyrath** zwischen zwey Menschen ein Mittel, die Menschen zu vermehren? Wie viele **Ehen** giebts nicht auf der Erde, die ganz unfruchtbar sind! Giebt denn **eine jede fruchtbare Ehe** der Erde nützliche Bürger? **Wie viele hundert tausend Eltern geben nicht der Erde in ihren Kindern Betrüger, Diebe, Mörder, und Greuel aller Arten!** Giebt denn **eine jede fruchtbare Ehe** dem Himmel neue Bewohner? Weiß

denn

denn der Verfasser gewiß, daß nicht Millionen von
den erzeugten Menschen, die **Bösewichter** auf der
Erde waren, und bis an ihres Lebens Ende so blieben, vielleicht auf immer vom Himmel entfernt seyn
werden? Und endlich! weiß denn der Verfasser, daß,
wenn das **Zeugungsgeschäft** unterblieben wäre, die
Menschen, die **dadurch** der Erde geschenkt werden,
nicht alle im Reiche der Geister die Bestimmung erhalten haben würden, die sie nach den Absichten Gottes
haben sollten? Ich bezibire in diesem letzten Punkte
nichts. Aber ich erinnere nur, daß der Verfasser viel
zu dreist entscheidet, wenn er sagt, die Menschen,
welche sich nicht verheyrathen, zerstöhrten **alle Ab-**
sichten des Schöpfers, die er mit dem menschlichen
Geschlechte habe, oder gehabt habe.

Ich gehe aber noch weiter, und frage den Verfasser, und alle die, welche in diesem Stücke mit ihm
gleichstimmig denken: Welches ist die Absicht Gottes
mit den Menschen auf der Erde? ist sie die, daß so
viele Menschen durch die Zeugung zur Wirklichkeit kommen sollten, als durch die Zeugung zum irdischen Leben kommen können? oder ist sie die, daß nur gute,
gerechte und liebevolle Menschen den Erdkreis füllen
sollten? Ich will anders fragen: Welches stimmt
mit Gottes Absichten überein? dies, daß nur eine bestimmte Anzahl guter und glücklicher Menschen auf
Erden lebe, oder dies, daß Millionen Menschen in Ungerechtigkeit, ohne Liebe und Weisheit wandeln, und
von Misere und Kalamitäten gedrückt, und unglücklich
werden? Ich wünschte, vom Verfasser des **Koloß,**
und seinen Mitgenossen eine Antwort zu bekommen!

Ich

Ich bin überzeugt, daß nicht das lezte, sondern das er=
ste mit Gottes liebevollen Absichten am meisten über=
einstimmt. Wenn aber dies ist, so kann mancher
Mensch, der nicht heyrathet, den Zweck Gottes in
Absicht auf das menschliche Geschlecht unendlich besser
erfüllen, als vielleicht viele hundert tausend Eheleute
zu thun im Stande sind. Gewiß giebt es viele Mil=
lionen Eheleute, die ihre Kinder ganz wider die Ab=
sicht Gottes erziehen, und durch ihre Kinder die Welt
mit Armuth, Kalamitäten und Wehe überschwemmen.
Wenn nun ein Mensch, der nicht heyrathet, weil er
nicht weiß, ob er nicht zum Elende der Erde dadurch
mehr, als zu ihrem Wohlstande beytragen wird, seine
Fähigkeiten, seine Einsichten, sein Vermögen dazu
verwendet, um seine Mitmenschen aufzuklären, und
die Kinder seiner Mitbrüder zu Gottes Ehre, und
zum Besten der menschlichen Gesellschaft zu erziehen, so
thut er offenbar mehr für das Reich Gottes, als wenn
er sich verehlicht und **Gefahr läuft**, das Gute alles,
oder doch das meiste unterlassen zu müssen.

Der Verfasser des **Koloß** irret sehr, wenn er
behauptet, daß der Ehestand darum für einen jeden
Menschen ein besserer und schwerer Stand sey, als
der ehelose, weil er dem Menschen mehrere und schwe=
rere Pflichten auflege, als der lezte. Denn gerade
alle die Pflichten, welche im Ehestande von dem Men=
schen erfüllt werden können und sollen, gerade alle die
Pflichten ist der gute Mensch, der ächte Freund Got=
tes ausser dem Ehestande zu leisten schuldig, und zu
leisten geschikt. Der Verfasser des Koloß sagt: „der
„Ehestand hat vor dem ehelosen enthaltsamen Stande
„vor=

„voraus, die Pflichten eines emsigen, allen nützlichen
„Bürgers, der durch seinen Schweis, Emsig= und
„Geschicklichkeit alles zu seiner, und des gemeinen We=
„sens Erhaltung beyträgt, die von Gott verordnete
„Naturpflichten erfüllt, und der Welt wie der Kirche
„an seinen Nachkommen nützliche Bürger und Glieder
„stellt, die Pflichten der Erziehung, die Pflichten der
„Versorgung mit Speisen und Getränken, die Pflich=
„ten, über die anvertrauten Kinder, und Dienstboten
„zu wachen, sie zu guten Sitten, zur Religion, zum
„Himmel ein= und anzuleiten, die Pflichten, alle seine
„Fähigkeiten, seine Talente und Künste zu bearbeiten,
„zum eigenen und allgemeinen Wohlstande anzuwen=
„den, alle Leibeskräfte bis zur Erschöpfung daran zu
„strecken, den Seinigen die Nothdurft zu verschaffen,
„und dennoch dabey so gut, als die Geistliche, den Him=
„mel zu gewinnen, noch über das die Seinigen da=
„hin anzuführen, somit neue Einwohner der Erde,
„neue Nachkommen seiner Familie, neue Bürger dem
„Staate und neue Besitzer dem Himmel zuzubringen,
„kurz, alles das zu thun, was die Allmacht des Schö=
„pfers verordnet, und die Weisheit des Erlösers er=
„klärt hat.„

Ist das nicht der auffallendste Irrthum, daß
diese Pflichten der Liebe von einem würdigen
Menschen ausser dem Ehestande nicht erfüllt werden
könnten? Gewiß können sie alle, — den Bey=
schlaf allein ausgenommen — von einem unverehlich=
ten Manne im allervollkommensten Grade beob=
achtet werden. Wer Gott innig liebt, und durch
diese Liebe ächte Menschenliebe fühlt, der vermag alles,

und

und soll alles thun, was zur Beglückseligung seiner Mitmenschen von irgend einem Menschen geschehen kann. Er kann für Seele und Leib seiner Mitmenschen aufs vollkommenste besorgt seyn, und alles nur mögliche wahre Vergnügen unter seinen Brüdern ausbreiten, ohne daß er zu heyrathen nöthig hat. Alle Menschen sind nach Verhältniß ihres Alters seine Brüder und Schwestern, seine Eltern, und seine Kinder.

Daß die Verehlichung keine unverletzliche Pflicht eines Menschen ist, bestätiget außer dem, was ich bereits erwiesen habe, das erhabene Beyspiel des göttlichen Erlösers Jesu Christi selbst. Dieser war der vollkommenste unter allen Menschen. Er hat alle Verbindlichkeiten erfüllet, die dem Menschen obliegen. Er sagte selbst von sich, daß er gekommen sey, das Gesetz aufs pünktlichste zu beobachten. Wäre die Verehlichung ein wirkliches allgemeines Gebot Gottes für moralisch vollkommene Menschen, so war sie es auch für den, der alles, was das Gesetz forderte, halten sollte. Christus hat jeden Punkt des göttlichen Gesetzes erfüllet, das den Menschen gegeben war. Allein das Geschäft eines Ehemanns, als eines solchen, hat er nicht vollführet. Er liebte wohl seine Freundinnen, aber nie suchte er den Geschlechtstrieb zu befriedigen. Die Vervielfältigung guter Menschen konnte ihm nicht nur nicht zuwider seyn, sondern sie gehörte zu seinen göttlichen Absichten. Er wollte gewiß nicht die Anstalten Gottes zerstören, sondern vielmehr aufs vollkommenste befördern. Da er nun gleichwohl sich nicht verehlichet hat, so muß es wenigstens nicht, wie der Verfasser des Koloß behauptet, für jeden einzelnen Menschen

Pflicht

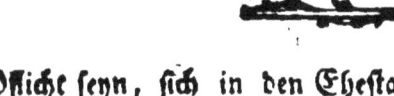

Pflicht seyn, sich in den Eheſtand zu begeben. Da=
mit aber dieſer zum Schimpfen ſo meiſterhaft geſchickte
Schriftſteller nicht hieraus Anlaß nehme, auch wider
mich ſeinen rauhen Zorn auszuſchütten, ohnerachtet ich
zuverläßig darüber kein Leid empfinden würde, ſo be=
merke ich nur, daß ich weder behaupte, der Erlöſer
habe den Menſchen das Recht zum Eheſtande entzie=
hen wollen, noch die Freyheit, und das Recht zu hey=
rathen ſey kein allgemeines Recht der Menſchen auf
dieſem Erdboden, ſondern daß ich blos den großen Un=
terſchied zwiſchen dem **Recht** und der **Pflicht** zu hey=
rathen empfindbar zu machen wünſche.   Der Verfaſſer
des **Koloß** ſetzt ihn ſo ſehr aus den Augen, daß er es
für **allgemeine Pflicht** ausgiebt, ſich zu verheyra=
then, um nicht die Ordnung Gottes zu zerſtöhren, und
ſeinen Geboten ſich zu widerſetzen.

   Der Erlöſer lehrte ſelbſt ſeinen Jüngern, daß
es auf dieſer Erde Menſchen gebe, die von Natur oder
von Menſchen verſchnitten wären, aber auch ſolche,
die ſich ums Himmelreichs willen ſelbſt verſchnitten
hätten, oder welches eins iſt, daß auf dieſer Erde die
Enthaltung vom Heyrathen nicht jedem Menſchen ge=
geben ſey, ſondern nur denen, die von Natur, das
iſt, nach ihren phyſiſchen Diſpoſitionen keinen herrſchen=
den Trieb zum Beyſchlaf haben, und denen, die die
Befriedigung dieſes Triebes dem Leben des Himmels
aufopfern.   Alſo iſts unſtreitig, daß nach der
Lehre der göttlichen Wahrheit ein Menſch berech=
tiget ſey, um des heiligen Lebens, oder Wan=
dels vor Gott willen, den Trieb zum Beyſchlaf
zu bezähmen, und ſich der Beyſchlafsgeſellſchaft
zu enthalten.

                                                  Der

Der Verfasser des **Koloß** äußert S. 37. mit
ausdrücklichen Worten: „die Gesetzgeber sollten die
„Ehen befördern, damit das vom Schöpfer und Er-
„löser vorgesetzte Ziel und Ende, nemlich die ununter-
„brochene Erzeugung und Vermehrung der Menschen,
„von allen und jeden, **die sich nicht enthalten**
„**Wollen** oder **Können**, erreicht würde.„

Also soll es nach seiner Meinung darauf ankom-
men, ob ein Mensch sich des Beyschlafes enthalten kann und **will**. Wer sich nun enthalten
kann, und **will**, wer seinen Geschlechtstrieb bezähmen **will**, um eine höhere Absicht in der Einsamkeit,
oder für das menschliche Geschlecht auszuführen, dem
soll es doch nicht als Zwang von der gesetzgebenden Gewalt auferlegt werden, zu heyrathen, und das Geschlecht fortzupflanzen! Sind demnach mehrere Menschen, die sich um solcher Endzwecke willen vereinigen,
und aus diesem Grunde dem ehelichen Stande entsagen **wollen**, so würde es der offenbarste Eingriff in
die Rechte der Menschheit seyn, dieser Gesellschaft darum, weil ihre Glieder sich der ehelichen Vergnügen enthalten **wollen**, Uebel zuzufügen. Der
Ehestand ist allerdings ein erlaubter Stand, und wie
der Verfasser des **Koloß** sagt, ein unumgänglich
nothwendiges Mittel für alle diejenige, **die nicht die**
Gabe der Enthaltsamkeit verspüren. Aber
er irret im höchsten Grade, wenn er hinzusetzt, daß
die Gabe der Enthaltsamkeit nur bey denen statt
finde, **bey welchen die Natur mangelhaft**
sey. Ueberhaupt ist das Buch des Verfassers voll
von Irrthümern, und höchst unvollständigen Känntnissen der Physik des Menschen. Aber eine solche all-
zusehr

zufehr auf Unwissenheit sich gründende Dezision, als
diese ist, sollte man doch kaum erwarten. Die Gabe
der Enthaltsamkeit kann freylich von Mängeln des or=
ganischen Baues der menschlichen Maschine abhängen;
aber kann sie nicht auch von einem hohen thätigen
Sinn der Seele herkommen? Man muß gar zu
flüchtig über die Natur des Menschen hinsehen, wenn
man das letzte so gerade hinleugnen, oder auch nur
bezweiflen will.

Ich glaube also hinlänglich dargethan zu haben,
daß der Mensch berechtiget ist, den Geschlechtstrieb
zu bekämpfen, seine Ausbrüche zu hemmen, ihn zu
schwächen, und sich alles Umgangs der Welt zu ent=
halten, darinnen er zu Befriedigung dieses Triebs ge=
reizt werden kann.

Wie unser Zustand itzt in der Welt ist,
muß allerdings von jedem, der das Wohl und Wehe
der Länder ernstlich beherziget, sehr gewünscht werden,
daß die Lehrer der Völker, die Kirchen= und Schulleh=
rer, durch die erhabenen Ideen ihrer Bestimmung die
Kraft haben möchten, ihrem Geschlechtstriebe hinläng=
lich zu widerstehen. Ganz unumstößlich ist es, daß
die herrschende Sinnlichkeit das Verderben der Men=
schen und der Staaten wirkt, und in Familien,
Dörfern, und Städten und ganzen Ländern unüber=
sehbare Kalamitäten erzeuget. Der Sittenlehrer ei=
nes Volks soll nun hauptsächlich gegen diese Ursach der
Degradation der Menschheit und der Staaten mit al=
ler Macht arbeiten. Allein immer bleibt noch ein
Hinderniß da, welches die Eindrücke seiner Lehren bey
sehr vielen schwächen kann, und wird, wenn er nicht

b   selbst

selbst sich alles dessen enthält, oder enthalten kann,
was den Reiz zur Sinnlichkeit nährt, und unter man-
cherley Situationen in Flamme setzt. Ein Mensch,
der selbst die Weichlichkeit fliehet, der den schwelgeri-
schen Mahlzeiten der Sinnlinge, und der Stolzen der
Welt sich entzieht, der den kindischen Kleiderpracht
verachtet, kann gewiß mit mehr Wirkung wider Weichlichkeit, Schwelgerey, und Putz reden, als wenn er
selbst, auch nur in einigen Stücken, daran Antheil
nimmt. So ists gewiß auch mit einem Manne, der
die Situationen verläßt, in welchen die Reize der körperlichen Liebe und Wollust sich seiner Seele bemannen
können. Der wird mit unendlich stärkerer Wirkung
die Seele der Wollüstlinge erschüttern, und zur Mäßi-
gung bewegen können, als der, welcher sich solchen
Situationen, wie die andere Welt auch, überläßt.
Es ist demnach der gerechteste Wunsch, den man für
die Vervollkommung des menschlichen Geschlechts thun
kann, daß sonst keine Menschen zu Schul= und Kir-
chenlehrern unter unsern Umständen sich jemals möchten bestimmt haben, als Männer von so heiligen, edlen Gesinnungen, die auch nicht einen Schein von
thierischer Sinnlichkeit in ihnen verstatten.

Vielleicht aber sind solche heilige Menschen
für diese Welt unmöglich? Eine ganz natürliche,
und höchst wichtige Frage! Für die, welche Sinn
haben, über die Angelegenheiten der Menschen ernstlich nachzudenken, und die göttliche Wahrheit zu suchen, lege ich folgende Punkte zu tieferer Beherzigung
vor. Ist's wahr, daß Männer gelebt haben, wie
Moses, Josua, Samuel, Elias, Elisa, Jo-
han-

hannes der Täufer ꝛc. so müssen solche erhabene
Menschen auf unserer Erde leben, und wirken können,
und es muß nur daran fehlen, daß, wenn sie nicht
kommen, der Erdboden und das Menschengeschlecht
durch solche Perioden hindurch bestimmt sind, Mangel und Leiden zu empfinden, um dadurch zu einer grös-
sern Veredlung nach und nach reifer zu werden. Aber
itzt die Hauptsache! Jesus Christus hat der Sinnlichkeit ganz abgesagt, und auch den Reiz des Ge-
schlechtstriebes in sich besiegt: Er hat aufs theuerste
versichert, daß er in demjenigen Menschen wohnen,
und in ihm leben will, der ihn ganz im Vertrauen um-
fasset. Ein solcher Mensch, der Christus Geist hat,
oder in dem Jesus Christus lebt, wird also gerade so,
wie Christus, alles verleugnen können, was den thierischen Menschen reizen kann. Es muß daher entweder alles falsch seyn, was uns die Bibel von Christo
versichert, oder es müssen Kirchen= und Schullehrer
auf der Erde seyn können, die ganz durch Christi Geist
leben, und die Welt mit allen ihren thierischen Vergnügen verleugnen.

Es bleibt jedoch eine felsenfeste Wahrheit, daß
ein Schullehrer, ein Prediger, kurz, ein Sittenlehrer
der Völker sich in den Ehestand zu begeben berechtiget ist, und daß ihm dieses Recht von keinem Menschen gesetzlich, oder willführlich entzogen werden darf.
Es sind aber die Bedingungen, unter welchen er dieses Recht ausüben darf, nothwendig die, daß er, so
lange er Stand und Amt eines Sittenlehrers der Völker behaupten will, nur mit einem einzigen Weibe
sich verbinde, in der Vereinigung mit ihr ächte Liebe

gegen

gegen sie in allem seinem Betragen blicken lasse; seine
Kinder mit seiner und seines Weibes vereinter Kraft zu
würdigen Menschen, das ist, zu gerechten, weisen,
und liebevollen Gliedern der Gesellschaft, und zu Verächtern der Sinnlichkeit und Eitelkeit bilde, sein Weib
und seine Kinder nicht im Umgange mit der Welt an
den Belustigungen des thierischen Theils Antheil nehmen lasse, für sich, und alle die Seinigen alles vermeide, was Wollust, Weichlichkeit, Eitelkeit und
Stolz verräth, und mit den Seinigen stets in den geistigen Uebungen des Gottesdienstes anhalte, und in
Mäßigkeit, und unter liebevoller Mittheilung an die
Armen und Elenden die Genießungen des Körpers brauche. Wenn ein Schul- und Kirchenlehrer nicht so lebt,
so kann er den hohen Zweck seiner Bestimmung nicht
erreichen. —

In **unserer Welt** haben die Staaten unendlich mehr Vortheile, wenn die Geistlichen nicht verehelichet sind, als wenn sie in Familien-Verbindungen leben, **wie sie bey uns sind.** Die größtentheils
zur Sinnlichkeit und Eitelkeit, und Eigennutz gebildeten Weiber verrücken ganz gewiß die Denkungsart
der meisten Männer. Sie verursachen ihren Männern gemeiniglich den größten Aufwand, um nur den
Reizen der Sinne und der Einbildungskraft, der Vanität und der Pracht Genüge thun zu können. Sie
ziehen die Gesinnungen der Männer in bestimmten Familien-Angelegenheiten, und Verwandschafts-Kreisen
zusammen, ersticken immer mehr mittheilsame Menschenliebe in den Seelen ihrer Männer, und reizen
und nöthigen diese, auf Erwerbungen zu sinnen, um
nur

nur die Bedürfnisse der Weiber und Kinder **ihrem Stande nach** zu befriedigen. Daß dies das größte Verderben für die Geistlichkeit sey, das ist unmöglich zu leugnen. Im ehelosen Stande fallen aber diese Uebel weg, und die Geistlichen sind unendlich weniger gehindert, Gutes für die Armen und Nothleidenden unter ihren Mitmenschen zu bewirken. Wenn sich die Geistlichen nur mit armen Mädchen verheyratheten, wenn sie für ihre Weiber keinen äusserlichen Rang such-ten, wenn sie solche nur in den Kleidungen des gemein-sten Standes in der bürgerlichen Gesellschaft reinlich und ordentlich einhergehen ließen, wenn sie ihre Wei-ber und Kinder ganz von den Lustbarkeiten der sogenann-ten großen und galanten Welt zurückhielten, und solche nur in geistigen und gemeinnützigen Geschäften übten: Wenn sie nur diese Bedingungen beobachteten; so würde ihr Recht sich zu verheyrathen dem geistli-chen Stande und dem Staate am wenigsten schädlich geworden seyn.

Fünfter Beytrag.
Ueber die freywillige Armuth.

Der moralische Egoismus ist die Quelle un-übersehbarer Uebel für die ganze menschliche Ge-sellschaft. Wer ihm unterworfen ist, der empfindet sonst kein Vergnügen, als aus seiner **Selbstheit**, und aus den Beziehungen auf sein Ich. Er ist bey allem seinem Thun und Lassen der Mittelpunkt, auf

D 3   wel-

welchen seine Kräfte unaufhörlich hingezogen werden.
Bey allem, was er thut, ist das immer seine erste
Frage, was ihm zu seinen Genießungen dadurch zu-
gehe, oder ob und was er an seinen Geniessungen ver-
lieren oder aufopfern müsse. Der moralische Egoist
kann nicht von ächter Liebe entflammt werden, für andere Menschen seine Kräfte anzustrengen, für sie und
ihr Wohl seine Zeit, und sein Vermögen aufzuopfern,
ohne Vergeltung das Beste seiner Mitbrüder zu erhalten, und zu befördern. Arbeit, Genauigkeit und
Treue für andere sind bey ihm unmöglich, wenn sie
nicht mit seinem eigenen besondern Interesse überein-
stimmen; es ist ihm nichts heilig, wo er nicht für
seine Selbstheit einen Vortheil zieht.

Die ächte Menschenliebe ist der Gegensatz
des sittlichen Egoismus. Sie ist ganz Stimmung, nicht Gutes zu haben, sondern immer ihr Gutes mitzutheilen, auszubreiten, gemein zu machen.
Die unablässig wirkende Mittheilsamkeit ist ihr Wesen,
und sie thut nichts, als nur um mitzutheilen, und
Genuß auf andere Mitmenschen auszugiessen. Mit
unwiderstehlicher göttlicher Macht vervielfältiget sie allenthalben das Gute, das Gemeinnützige, und sorgt
für das, was des andern ist, treulichst, wie für das
Ihre. Sie sucht ihr Vermögen zu vergrößern, um
mehr für andere thun zu können, die ihrer Hülfe benöthiget sind.

Der moralische Egoismus muß allerdings be-
kämpfet, und besieget werden, wenn die göttliche
Macht der Menschenliebe herrschen, und die Welt beglücken soll. Alle Verfassungen und Uebungen, die dazu

mit-

mitwirken, daß der Menſch immer weniger auf ſich
ſieht, als auf das, was des andern iſt, wenigſtens
nicht mehr für ſeine Selbſtheit thätig iſt, als für das
Glück ſeiner Mitmenſchen, ſind für das menſchliche
Geſchlecht heilſam, und von unverkennbarem Werthe.

Die freywillige Verleugnung des Reichthums,
die **freywillige Armuth** iſt eine ſolche Bekämpfung
des moraliſchen Egoismus, die, wenn nicht andere
böſe Stimmungen in der Seele herrſchen, das Herz
zur Menſchenliebe, und überhaupt zu allem, was gut
und wahrhaftig groß für den Menſchen iſt, eröffnen.
Wer **freywillig arm** wird, um ſich vom Eigennutz,
von der herrſchenden Begierde zu eigenen Genieſſungen
zu reinigen, der bekümmert ſich gewiß um nichts weiter, als Kräfte zu haben, wodurch er für das Glück
und Vergnügen anderer Menſchen gute Früchte ſchaf-
fen kann. **Freywillig** der Armuth ſich überlaſſen,
um nichts zu thun, und mit Beſchwerlichkeit ſeine Be-
dürfniſſe zu ſuchen, oder zuſammen zu betteln, läßt
ſich von einer geſunden Menſchenſeele nicht denken.
Der Menſch übernimmt nie **freywillige** Beſchwerden für ſein Ich, wenn er nicht einen Zweck hat, der
ihm dieſe Beſchwerden ſüß macht. Der edeldenkende
Menſch entſagt nur darum aller Eigenheit, und alſo
auch allen eigenen Beſitzungen, um deſto freyer und
mächtiger für andere Gutes thun zu können. Müßiggang iſt alſo nicht eine nothwendige Folge von der freywilligen, aber oft wohl von der **erzwungenen** Armuth. Der Menſch, der in dem Beſitze eines Eigenthums eine Hinderniß der geſchäftigen Gottes- und
Menſchenliebe empfindet, eine Hinderniß des Fleißes

für

für andere, ist nicht nur berechtigt, sondern verpflich=
tet, eine solche Situation zu suchen, darinnen er nichts
eigenes hat, aber doch für seine Mitmenschen den Ge=
nießungs=Kreis zu erweitern im Stande ist, das ist,
den Stand der freywilligen Armuth.

    In der ersten Kirche verkauften die Christen das
Ihrige, brachten das Geld den Aposteln, und lebten
nun mit einander in der vollkommensten Gemeinschaft
der Güter und Genießungen, so daß keiner von seinem
Eigenthum redete, sondern nur an dem Genuß dessen
Antheil hatte, was der ganzen Gemeinde zugehörte.
Was er durch Arbeiten erwarb, erwarb er nicht sich,
um einen ausschließenden Genuß davon zu haben, son=
dern der Gemeinde, um den Genuß seines erworbenen
Gutes mit seinen Brüdern zu theilen. Das war die
freywillige Armuth der ersten Christen, die dem
Herzen des Menschen große Würde giebt. Was ist
das für Himmelslust, viel arbeiten, viel erwerben zu
können, um es in der Gemeinschaft lieber Freunde zu
genießen, die sich auch mit allen Kräften bestreben,
auf diese Art zu handeln, und für die ganze Gesellschaft
der Freunde das gemeine Gut, und den Genießungs=
Kreis zu erweitern? Welche Wonne für eine empfin=
dende Seele, zu wissen, daß alles, was sie durch ihre
Menschenkraft erwirbt, ein Glück ihrer Freunde werde,
oder das Vergnügen wenigstens eines einzigen andern
Menschen befördere? Keine Empfindung kann besee=
ligender seyn als diese, sich als den Grund, als das
Principium des Glückes, oder des Vergnügens eines
andern Menschen zu denken; es ist Wonne Gottes in
der Seele des Erdenbürgers.

Es kann wohl seyn, daß durch meine freywillige Armwerdung, durch meine edle, uneigennützige Geschäftigkeit ein unwürdiger Bruder erfreuet wird. Allein das entzieht meinen Gesinnungen ihren Werth nicht, wenn ich nicht im Stande bin, den unwürdigen Mitmenschen zu bessern, oder nur für Würdige zu arbeiten. Gott sorgt für die Bedürfnisse und physischen Freuden seiner größten Feinde. Warum sollte ich unwillig seyn, meine Kräfte für Menschen aufzuopfern, die nicht sind, was sie seyn sollten?

Ich habe also das Recht nicht, ohne Thätigkeit dieses irdische Leben hinzubringen, oder müßig zu gehen; aber das Recht habe ich, freywillig arm zu werden, oder allen Eigenthums-Rechten zu entsagen, um nur für Gott, und für andere Menschen zu leben. In einem Staate, in welchem der Gesetzgeber, vermöge seiner obersten Staatsgewalt, das wahre Beste aller Glieder zu befördern befugt ist, müssen die Mißbräuche verhütet, oder entfernet werden, die Unwürdige von meinen edlen Entschließungen, und von meiner uneigennützigen Wirksamkeit machen können.

Sechster Beytrag.
Ueber den Gehorsam gegen die Obern.

Selbstsucht, oder Eigensucht ist die unseelige Quelle von Unwillen, Halsstarrigkeit, Zorn, Rachsucht, Verfolgungen, Bedrückungen und Tren-

nun-

nungen unter den Menschen. Wer wenig oder nicht
nachgeben kann, sich wenig oder nicht nach andern
richten kann, sich wenig oder nicht dem Willen eines
andern unterwerfen kann, der ist der Menschenliebe
und Freundschaft wenig, oder nicht fähig, und ver=
mag die Gesinnungen der Menschen gewiß nicht zum
Guten zu lenken. Aber wer andern nachgeben kann,
wer sich in sie schicken kann, der hat die Stärke, die
Menschen=Seelen zu beherrschen, wenn er weise ist,
erwirbt sich doch wenigstens immer die Liebe, und das
Vertrauen seiner Mitbrüder. Diese beglückende Har=
monie unter den Menschen kann nicht vollkommener,
als durch diese Gesinnungen der Demuth und Nach=
giebigkeit hergestellet, und in ihrer Fortdauer erhalten
werden. Ein weiser Mann, der sich gegen seine Mit=
menschen mit Demuth und Nachgiebigkeit beträgt,
zieht ihre Seelen so an sich, daß er, wenn er die Zeit
und Umstände abwartet, sie lenken kann, wohin er
will, ohne Unwillen und Zwietracht anzurichten.

Wahrhaftig! es ist zum Glücke des gesellschaft=
lichen Lebens nichts nothwendiger, als die Menschen
von Jugend auf zur Bekämpfung, und Besiegung
der Selbstsucht anzugewöhnen, und sie so zu führen,
daß sie ihren eigenen Willen verleugnen, und durch
fremden Willen handeln lernen.

Was ist aber dies anders, als **Uebung im
Gehorsam** gegen andere, die höher sind. Ein ge=
horsamer Mensch genießt nach Maßgabe seines
Gehorsams die Liebe seiner Obern, weil er ohne Wi=
dersetzlichkeit, ohne Unwillen sogar, die Winke dersel=
bigen zu unverletzlichen Regeln seiner Thätigkeit an=
nimmt,

nimmt, und also ihren Seelen das Gefühl der Beruhigung über ihn einflößt.

Der pünktliche Gehorsam ist es, der die Kriegs-
heere so stark macht, wenn sie ein großer Mann an-
führt. Und gewiß ist es in allen Verhältnissen der
Menschen gerade so: Gehorsam zieht die Kräfte des
Menschen in einem Punkte zusammen, und erhöht
ihre Force. Ist nun der Obere, der Befehlshaber,
der Gesetzgeber ein weiser guter Mann, so kann der
für die menschliche Gesellschaft Wunder thun, wenn
ihm viele gehorsame Menschen zu Gebote stehen. Was
vermag nicht ein weiser Regent, dessen Winke von ge-
horsamen Unterthanen aufgefasset werden? Da gehts
gewiß mit der Reformation eines Staates leicht und
geschwind. Im Gegentheil stockts an allen Orten,
wenn Zweifeln, Anstände machen, Einwendungen
entgegen setzen, Disputiren, und auf dem eigenen
Kopfe bestehen, bey dem Volke Mode ist.

Es kann demnach nicht bestritten werden, daß
Angewöhnung zu pünktlichem Gehorsam
die Menschen fähig macht, die Absichten der Weisheit
aufs vollkommenste zu befördern.

Daß ein jeder Mensch das Recht hat, seine
größtmögliche moralische Vollkommenheit zu erstreben,
das ist unleugbare Wahrheit. Er ist also auch berechtiget, sich freywillig in eine Situation zu begeben, in
welcher er im pünktlichsten Gehorsam geübt wird.
Seine Unterwerfung unter einen fremden Willen berechtiget aber den Obern nicht, von ihm Handlungen
zu fordern, die der moralischen Vollkommenheit, der
Veredlung des innern unsterblichen Menschen, der

ächten

ächten Religion, oder dem ganz offenbaren Willen Gottes widerstreiten. Der Obere kann ihm Aufopferung seiner thierischen Selbstheit auflegen, er kann ihm Befehle ertheilen, welche ihm Gefahren und Leiden für seinen äußerlichen Menschen drohen. Diesen Befehlen allen, wenn er nicht mit Weisheit ausweichen kann, muß er folgen. Nur da ist er nicht verpflichtet, Folge zu leisten, wenn er ganz offenbar sieht, daß der Befehl des Obern dem Willen Gottes entgegensteht. Wollte der Obere seinem Untergebenen anbefehlen, seinen eigenen Vater, sein eigenes Kind, oder seinen Freund zu ermorden, einen Ehebruch zu begehen, Gott zu lästern, so ist der Untergebene nicht schuldig, Gehorsam zu leisten. Die Angewöhnung zum Gehorsam soll ihm nur die Freyheit verschaffen, nicht mit starrem, stolzem Sinn seinen eigenen Einfällen und Neigungen das Uebergewicht zu geben, sondern sich in dem Willen eines andern, so weit er nicht **offenbar bös** ist, zu beruhigen, und ohne zu disputiren, und sich zu widersetzen, pünktlichst zu thun, was ihm aufgelegt wird. Das Recht in Fällen, da der Obere **offenbar** von der Wahrheit, und dem, was recht ist, abweicht, mit Demuth, und Freundlichkeit und Sanftmuth Vorstellungen dagegen zu machen, wird durch diesen zur moralischen Veredlung der Menschen so nothwendigen Gehorsam nicht aufgehoben, und die offenbaren Mißbräuche, welche der Obere von der Unterwürfigkeit seiner Untergebenen machen kann, müssen im Staate durch die wahre Gerechtigkeit, und deren Handhabung entfernet werden.

Sie

Siebender Beytrag.

Ueber die Kloster-Verfassung nach ihren wesentlichen Absichten.

Die Kloster-Verfassung hatte nie einen andern wesentlichen Zweck, als die moralische Vervollkommung des innern Menschen zu bewirken, und also die herrschende Sinnlichkeit, Eitelkeit, und Selbstsucht zu bekämpfen, und im genauesten geistigen Umgange mit Gott zu leben, und durch die höhern Kräfte der Seele die Glückseligkeit des menschlichen Geschlechts zu befördern.

Ich habe im Vorhergehenden hinreichend gezeigt, daß die Menschen ein unstreitiges Recht haben, sich mit einander, um dieser ganz evident guten und eblen Absichten willen, zu vereinigen, und in ihren Vereinigungen alle die Uebungen vorzunehmen, welche die Kräfte des innern unsterblichen Menschen erhöhen, und die Fesseln schwächen können, die das thierische Wesen der Thätigkeit des Geistes anleget.

Wenn die Menschen um offenbar widriger Endzwecke willen, die nur den vergänglichen thierischen Sinn angehen, ihre Einsichten, ihre Fähigkeiten, und ihr Vermögen vereinigen; wenn sie nur um der Nahrung des Körpers willen, nur um der Erwerbung des Geldes willen sich mit einander verbinden, und hierinnen von den Regenten der Staaten nicht gehindert werden: wie kann's gerecht seyn, ihnen die Vereini-

gun-

gungen zu wehren, die sie um des **geistigen Lebens** willen unter sich errichten? Wie kann's **gerecht** seyn, solche Verbindungen zu zerreissen? Es ist demnach **das Kloster-Leben** nicht nur der wahren Gerechtigkeit der einzelnen Menschen völlig gemäs, sondern es ist offenbar **ungerecht**, die Menschen **mit Gewalt** von dem Eintritte in Klöster abzuhalten, und die, welche bisher in Klöstern lebten, aus dem Grunde, weil sie in Klöstern lebten, zur Verlassung ihres Klosterlebens zu zwingen.

Ich will einige Fragen hier vorlegen, und alle Freunde der Menschheit inständigst bitten, mir ihre bestimmte Antwort mit **Ja,** oder **Nein** darauf zu geben.

I. Ist der Mensch **ungerecht,** der keinem einzigen andern Menschen in sein Personal- oder Real-Eigenthum eingreift, aber für sich allein von andern Menschen abgesondert lebet, und sein Vermögen, das er hat, blos zu seinem sinnlichen Vergnügen, zu Musiken, Mahlereyen u. s. w. verwendet?

Ist das **gerecht,** daß die Obrigkeit einen solchen Menschen, **der nicht ungerecht handelt,** darum, weil er für sich allein, von andern Menschen abgesondert lebt, und von seinem Vermögen seine sinnliche Lust genießt, einen **Zwang,** oder **Uebel** zufügt?

Ist das **gerecht,** daß die Obrigkeit einen Menschen, **der nicht ungerecht handelt,** das Strafverbot zugehen läßt, nicht für sich allein zu leben, und nicht für sich allein Vergnügen zu geniessen?

II. Ist

II. Ist der Mensch **ungerecht**, der keines einzigen Menschen Eigenthum verletzet, aber seine Kräfte und sein Vermögen für sich allein in der Stille auf eine spekulativische Wissenschaft verwendet, sich eine Bibliothek für diese Wissenschaft sammlet, und seine Zeit mit Bücherlesen, und Verfertigung von Auszügen daraus zubringet?

Ist das **gerecht**, daß die Obrigkeit einen solchen Menschen, **der nicht ungerecht handelt**, darum, weil er in der Stille immer liest und studirt, das Seinige entzieht, und ihm Uebel und Zwang zufügt?

Ist das **gerecht**, daß die Obrigkeit einem Menschen, der **nicht ungerecht handelt**, das Strafverbot zugehen läßt, nicht mehr in der Stille für sich zu studiren, und nicht mehr seine Bibliothek zu vergrößern?

III. Ist der Mensch **ungerecht**, der keines einzigen andern Menschen Eigenthum angreift, aber seine Kräfte und sein Vermögen für sich allein in der Stille auf Untersuchung der Eigenschaften des Urhebers der Natur und der Menschheit ernstlich anwendet, seine sinnliche Lüste zu besiegen sucht, und sich übt, seinem Geiste die Herrschaft über den Körper zu verschaffen?

Ist das **gerecht**, daß die Obrigkeit einen solchen Menschen, **der nicht ungerecht handelt**, darum, weil er für sich allein, von andern Menschen abgesondert lebt, und seine Kräfte in göttlichen Erkänntnissen und geistigen Geschäften übt, darum, weil er seine Sinnlichkeit, den Feind des menschlichen Geschlechts, und aller guten Anstalten zu bekämpfen und zu besiegen bemüht

bemüht ist, und darum, weil er seinem innern Menschen die Herrschaft über seinen thierischen Theil verschaffen will, Uebel und Zwang zufügt?

Ist es gerecht, daß die Obrigkeit einem Menschen, der nicht ungerecht handelt, das Strafverbot zugehen läßt, nicht mehr in der Stille blos an
der Verbesserung seines innern unsterblichen Menschen
zu arbeiten?

IV. Ist der Mensch ungerecht, der keines
andern Menschen Eigenthum verletzet, aber sich
eingezogen hält, und sich in seiner Einsamkeit mit Le-
sung der heiligen Schrift, mit Beten, mit Singen,
mit Fasten, und andern solchen dem thierischen Menschen unangenehmen Uebungen beschäftiget?

Ist es gerecht, daß die Obrigkeit einem solchen
Menschen, der nicht ungerecht handelt, darum,
weil er betet, die Bibel ließt, singt, fastet, sich des
Beyschlafs enthält, und sonst seinem thierischen Menschen wehe thut, Uebel zufügt?

Ist es gerecht, daß die Obrigkeit einem solchen
Menschen, der nicht ungerecht handelt, das
Strafverbot zugehen lässet, nicht fernerhin in seiner Einsamkeit blos mit Beten, Bibellesen, Singen, Fasten, der Enthaltung des Beyschlafes sein Leben hinzubringen?

V. Kann nach der wahren Gerechtigkeit einem Menschen darum das Seinige genommen werden, weil er sich nicht den gewöhnlichen Geschäften der
Welt

Welt widmet, sondern, ohne Jemanden in seinem Eigenthum zu stöhren, sich des genauen Umgangs mit Gott befleißiget?

VI. Ist es **gerecht**, daß die Obrigkeit einem Menschen, der Niemanden was Böses thut, **darum** das Seinige nimmt, weil er es noch nicht auf die von der Obrigkeit anerkannte bestmögliche Art für die bürgerliche Gesellschaft, oder für den Staat benutzet?

VII. Wenn die Obrigkeit wünscht, daß ein Bürger, oder eine Gesellschaft im Staate ihr Vermögen zum wahren Besten des Landes so anwende, wie sie es für dienlich ansieht, läßt es die Gerechtigkeit zu, daß sie Zwangsanstalten hierinne brauche; oder ist sie nicht vorher verpflichtet, ihre Absicht durch Unterricht, Aufklärung, Ermunterung und Unterstützung zu bewirken?

VIII. Kann es also **gerecht** seyn, daß die Obrigkeiten die **Klostergesellschaften** darum aufheben, weil sie sich ihrer Bestimmung gemäs mit geistigen Geschäften abzugeben haben, und kann es gerecht seyn, den **Klöstern** ihre Güter zu entziehen, weil sie noch nicht auf die Art für den Regenten oder den Staat verwaltet werden, wie es der Regent wünscht, daß sie verwaltet werden sollten?

Der verstorbene Herr von **Justi** behauptet in allen seinen Polizey- und Staatsschriften, daß die gemeinschaftliche Glückseeligkeit der Hauptendzweck alle Republiken, folglich ihr erstes und oberstes Gesetz sey, daß der Gesetzgeber seine Generalregeln aus dem Endzwecke der bürgerlichen Gesellschaft, der die gemeinschaft-

liche

liche Glückseeligkeit ist, schöpfen müsse, und daß er in
der Maße, in welchen sich der Zustand des Staats und
seiner Glieder ändert, auch veränderte Maßregeln zu
Vermehrung der Glückseeligkeit des Staates nehmen müsse. Hieraus schliessen seine Schüler bey dem itzigen Klo-
steraufhebungs-Streite, daß der Regent eines Staates
allerdings befugt und verpflichtet sey, in dem Falle, da
die in den Händen der Geistlichen aus dem Umlaufe ge-
brachte Masse von Reichthümern zu groß wäre, oder von
den Einkünften ein den Grundsätzen des allgemeinen Besten entgegenlaufender Gebrauch gemacht würde, oder das
Anhäufen von Gütern andern Klassen der Unterthanen zum
Nachtheil gereichen möchte, zweckmäßige Veränderungen
damit zu treffen, und daß also die Regierung nichts zweck-
mäßigers, den Erziehungsanstalten, der Bevölkerung,
und dem Wohlstande des Nahrungsstandes erprieslicher-
es thun könne, als mit der Benutzungsart der geistlichen Güter vortheilhafte Veränderungen vorzunehmen,
und die Geistlichen dadurch von zerstreuenden und ihren Be-
rufspflichten entgegenstehenden Nahrungssorgen zu befreyen.

Ich will hierauf vollständig antworten, wenn gleich
für die denkenden Köpfe kaum eine Antwort nöthig seyn
wird. Der **Herr von Justi**, und sein eifrigster
Nachfolger **Herr von Pfeiffer**, reden immer von
gemeinschaftlicher Glückseeligkeit, von gemeinem Besten
des Staates, und nirgends haben sie doch bestimmt,
worinnen die gemeinschaftliche Glückseeligkeit, oder das gemeine Beste des Staats bestehen soll. Ist denn nicht
alles ein vages Räsonnement, das auf alle Seiten hin-
gedrehet werden kann, wenn man den Hauptendzweck des
Staats

Staats in der gemeinschaftlichen Glückseeligkeit setzet, und alle Regierungs-Maximen daraus herleiten will, ohne erst fest zu bestimmen, was diese gemeinschaftliche Glückseeligkeit des Staats sey. Wird dies nicht bestimmt, so wird ein jeder nach seiner besondern Konvenienz seinen Begriff von der gemeinschaftlichen Glückseeligkeit des Staates bilden, und also Regierungs-Normen nach seinem Belieben annehmen. Ich wiederhole hier also an alle die, welche mit Herrn von Justi immer von gemeinschaftlicher Glückseeligkeit, gemeinschaftlichem Interesse, gemeinem Besten des Staats, und Wohl des Ganzen reden, meine schon millionenmal gethane Frage:

Was ist die gemeinschaftliche Glückseeligkeit des Staats? Worinnen besteht sie?

Ich bitte, solche gründlich zu beantworten.

Ich habe sie in meinen Schriften aufs pünktlichste zu bestimmen gesucht, und ich schmeichle mir, daß ich den Beyfall großer Regenten, Minister und Gelehrten völlig auf meiner Seite habe. Ich setze nemlich das gemeine Beste des Staats **in der vollkommenstmöglichen Sicherheit des ganzen Personal- und Real-Eigenthums eines jeden Gliedes der bürgerlichen Gesellschaft, und der bestmöglichen Benutzung desselbigen.** Die Natur der gesellschaftlichen Verbindung unter vernünftigen Wesen lehrt es, daß diese durch die Vereinigung ein Gut, ein Interesse suchen, das bey einzelnen Kräften, außer ihrer Vereinigung nicht statt finden kann, aber durch die Vereini-

eini-

einigung bewirket wird. Was kann's aber wohl für ein Gut seyn, das die einzelnen Menschen nicht auſſer ihrer geſellſchaftlichen Verbindung, ſondern nur in dieſer Vereinigung finden können? Alles Gute, das blos einzelne Menſchenkräfte erfordert, kann auch erworben und genoſſen werden, ohne daß die Meuſchen mit einander in Verbindung leben. Die **Vereinigung** aber ſetzet kein neues Gute, als blos die **Verſtärkung** der einzelnen Kräfte zu dem, was dieſe durch ſich ſelbſt bewirken können und wollen. Vereinigung wirkt ihrer Natur nach keine Aenderung in den einzelnen Kräften, und ihren Stimmungen, Trieben und Rechten. Die Einheiten bleiben, wie ſie geſtimmt ſind, werden aber durch die Vereinigung ein **größeres** Ganzes. Die Verſtärkung der einzelnen Menſchenkräfte zur Bewirkung ihres Zieles, zu dem ſie beſtimmt ſind, iſt größere Leichtigkeit, und **größere Sicherheit** ihrer ſämmtlichen Beſtimmungen. Daher, däucht mir, iſt's ganz unleugbar, daß das **wahre gemeine Beſte** der bürgerlichen Geſellſchaft nur in dieſer **größern Sicherheit** des ganzen Eigenthums aller und jeder Glieder der Geſellſchaft beſtehen müſſe, und daß es eine von der Natur abweichende Diſpoſition ſey, in dieſer Sicherheit des Eigenthums der Bürger eines Staats auch nur die allergeringſte willkührliche Einſchränkung zu machen, welche die wahre **Gerechtigkeit** nicht gemacht hat. Jedes Glied des Staats ſoll demnach die vollkommenſtmögliche Sicherheit ſeines ganzen Perſonal- und Real-Eigenthums haben, und ſo lange es keinem andern Menſchen in ſein Eigenthum ungerechte Eingriffe thut, heiligſt dabey geſchützt werden. In dieſer **allgemeinen Sicherheit** alles deſſen, was zum Eigenthum und

Ge-

Geniessungskreise eines jeden einzelnen Bürgers gehört, habe ich das **gemeine Beste des Staats,** oder **das allgemeine Staats-Interesse** gesetzt.

Wenn diese völlig gleiche Sicherheit alles Eigenthums, aller Rechte, aller Bestimmungen der Glieder eines Staats den Menschen garantirt ist, so kann nun jeder seine Fähigkeiten ungestöhrt zur Vergrößerung seines Eigenthums, und zur Erweiterung seines Geniessungs-Kreises anwenden. Das kann einer, wie der andere, und keiner darf Bedrückungen von einem andern, oder Partheylichkeiten zum Vortheil eines andern, und zu seinem Nachtheil befürchten. Nun kommt alles blos auf **Einsichten** und **Geschicklichkeiten** und **Vermögen** an, um das Eigenthum, und die Fähigkeiten aufs beste zu brauchen. Wer nicht weiß, wie er seine Geniessungen wirklich vervielfältigen kann; oder wer sich von gewissen Gütern und Geniessungen keine Vorstellung machen, und also keine Reize und kein Verlangen dazu haben kann, der würde mit dem **offenbarsten Unrecht** gezwungen werden, diese Geniessungen zu erwerben zu suchen. Der Regent eines Staats hat das Recht, sein ganzes Volk auf die der vernünftigen menschlichen Natur gemäße Weise zu ihrem größtmöglichen Glücke, das ist, zu dem ruhigsten vollkommensten Genusse angenehmer Empfindungen zu **leiten.** Dieses höchste **Direktions- oder Leitungs-Recht** ist aber nicht das Recht, ohne Unterschied die Menschen zu ihrem Glücke zu **zwingen,** sondern ihr Glück so zu befördern, wie es der vernünftigen menschlichen Natur gemäß befördert werden kann. Zwang findet nur statt, wenn es darauf

E 3   Ein

ankommt, die wahre wesentliche Gerechtigkeit gel-
ten zu machen, oder das offenbar Böse und Gemein-
schädliche zu verhindern. Wenn es aber darauf abge-
sehen ist, durch die Menschen Gutes zu thun, und die
Masse des Guten zu vergrößern, so hat kein Zwangs-
Recht statt, sondern nur das Recht der Aufklärung, der
Berathung und Ermunterung, und Unterstützung. Ich
bin fest überzeugt, daß jeder denkende Mann diese Sim-
plizitäten empfinden, einräumen, und zum allgemeinen
Glück aller Menschen nöthig erachten wird.

Hieraus also ist klar, daß kein Regent jemals berechtigt seyn könne, irgend einem Menschen, irgend einer Familie, irgend einer Gesellschaft, und folglich auch irgend **einem Kloster** seine Güter, oder seine eigene Nutzungs Rechte über gewisse Güter
darum zu entziehen, weil er glaubt, daß eine bessere oder
nützlichere Verwendung, oder Verwaltung derselbigen statt
finden könne. **Welcher Bürger im Staate, welche Familie, welche Gesellschaft würde da sicher
seyn können, ihr Eigenthum oder ihre Rechte
zu behalten?**

Der Herr **von Pfeiffer** wirft mir vor, daß ich
die Sache aus einem falschen Gesichtspunkte betrachtet
hätte, und keinen Unterschied zwischen einem **Bürger
und einem Mönch** machte; der Mönch wäre weder Bürger, noch Eigenthümer, folglich könnte man
ihm nichts von seinem Eigenthum nehmen, er hätte nichts,
als lebenslänglichen Unterhalt zu fordern, dieser sey ihm
versprochen, auf diese Bedingung sey er ins Kloster gegangen, diese Bedingung müsse gehalten werden, und
es könne der Nonne und dem Mönch gleich viel seyn, aus

was

was für Einkünften sie erhalten würden: genug wäre es,
wenn sie erhalten und nicht gezwungen würden, eine
fremde Lebensart zu ergreifen.

Aber ich kann mir in der That kaum denken, wie
Herr von Pfeiffer mit solchen Ideen wider mich
auftreten kann, da sie gewiß zur Aufklärung des Publi-
kums in dem Punkte, auf welchen es in der vorliegenden
Sache ankommt, wenig oder nichts beytragen können.
Erstlich fordert derselbe, daß die Klosterleute erhalten, und nicht gezwungen werden dürften, eine andere Lebensart zu ergreifen.
Also soll die Klosterverfassung, und der Beruf
eines Menschen, ein Glied eines Klosters zu seyn, das
ist, das Klosterleben, nicht gewaltsam, oder willkührlich aufgehoben werden! Wenn aber die Regierung
eines Staats nach dem Herrn von Pfeiffer berechtiget ist, alle Abänderungen im Staate vorzunehmen, so
bald sie solche zum allgemeinen Besten nöthig erachtet;
so muß sie auch das Klosterleben ganz aufheben können. Wie reimen sich diese Dinge zusammen?

Zweytens ist der Mönch, der im Staate wohnt,
ein Glied der Staats- oder bürgerlichen Gesellschaft, ob
er schon kein Bürger in dem engen Verstande ist, darinnen man das Wort im Kanzleystil heut zu Tage zu
nehmen gewohnt ist. Ein jeder Mensch, der in einem
Staate häuslich lebt, er mag an den Lasten des Staats
tragen, oder nicht, mag bürgerliche Vortheile genießen,
oder nicht, heißt schon längst im allgemeinen Staats-
rechte, und in der Politik Bürger des Staats. Keinem Menschen, der im Staate wohnt, man mag ihn

e 4   Bür-

Bürger nennen, oder wie man will, darf etwas von seinem Eigenthum willkührlich entzogen werden, wenn er
nicht ungerecht gehandelt hat, und dies gilt also
auch von den Rechten eines jeden Mönchs und jeder
Nonne.

Drittens ist zwar der einzelne Mönch kein
Eigenthümer über Klostergüter. Allein das Kloster,
oder die ganze Gesellschaft der Mönche ꝛc. hat nicht
blos das Recht, ihren Unterhalt zu fordern; sondern
das Recht, die zum Kloster gehörige Güter,
sie mögen ihm geschenkt, oder von ihm er-
kauft, oder sonst rechtmäßig erworben wor-
der seyn, zum Nutzen der ganzen Gesellschaft zu verwalten, ist ein eigenthümliches
Recht des Klosters, das ihm nie nach Gerechtigkeit entzogen werden darf, so lange sich keine offenbare Ungerechtigkeit von Seiten des Klosters
dabey zeigt.

Ich wiederhole es noch einmal. Es ist keine Sicherheit in einem Staate denkbar, wenn man einmal
glaubt, um einer guten Absicht willen, die Klosterverfassung abschaffen, und die Klöster und ihre Güter einziehen zu können. Früher oder später kann man aus
gleichen Gründen alle frommen Stiftungen aufheben, und
die gestifteten Fonds zu sich reissen; Kirchen, Schulen,
Universitäten kann man eingehen lassen, oder ganz aufheben, um über ihre Güter zu einer besondern Absicht,
die man nach den Umständen des Staats für gemeinnütziger ansieht, zu disponiren; alle Gemeindsverfassun-
gen kann man aufheben, und die Gemeindsgüter einziehen,

hen, um sie zu Endzwecken zu verwenden, die man zum gemeinen Besten des Staats für nothwendig, oder doch dienlich ansieht; alle Familien-Verbindungen, und Stiftungen kann man aufheben, und die Güter und Einkünfte unter dem Vorwande des gemeinen Besten des Staats ganz oder zum Theil an sich reissen; kurz! man kann nach diesen Grundsätzen alles, was man will, und die Sicherheit alles Eigenthums ist auf einmal zerstöhret!

Nein! der Regent eines Staats hat die höchste **Obliegenheit**, Obliegenheit sage ich, jeden Menschen, jede Familie, jede besondere Gesellschaft, jedes Kloster in seinem Staate bey dem Seinigen zu schützen, und keinen willkührlichen Eintrag in deren Personal- oder Real-Eigenthum thun zu lassen, oder selbst zu thun. Er hat aber auch das Recht, allen Ständen im Staate die nöthige Aufklärung zu verschaffen, damit ein jeder sein Personal- oder Real-Eigenthum zum Besten des Staats anwende, oder dadurch die größtmögliche Masse von Geniessungen verschaffe; jedoch soll er auch unaufgeklärte Menschen bey all dem Ihrigen schützen, wenn sie gleich noch nicht den besten und einträglichsten Gebrauch davon machen.

Ach-

Achter Beytrag.

Ueber die Bettel-Klöster.

Es ist mir unendlich leid, daß ich in meinem Buche über die Gerechtigkeit in Ansehung der
Klöster und ihrer Güter zu einem großen Mißver-
stande wegen der **Bettelklöster** Anlaß gegeben habe.
Ich will nach meiner Pflicht hier das verbessern, worin-
ne ich ganz meinem Willen zuwider einen Fehltritt began-
gen habe. Ich wollte nie; und will noch nicht, daß
man die **Bettelklöster** aufheben; oder ihre Kloster-
verfassung selbst abschaffen, und die Glieder der Klöster in die Welt schicken soll.

Ich sage in meinem Buche §. 15. so: „Die Auf-
„hebung der Klöster ist demnach allezeit ungerecht, wenn
„nicht das eine, oder das andere sein Daseyn und Eigen-
„thum durch offenbare Verletzung der Rechte anderer
„Menschen, oder Gesellschaften erworben hat, erhält
„oder erweitert, oder wenn es nicht seine Kräfte wider
„die Ruhe seiner Mitmenschen oder des Staats miß-
„braucht. **Nur solche Klöster, die nichts an**
„**Eigenthum haben, sondern bestimmt sind,**
„**im Müßiggang bloß herumzuziehen, und**
„**ihre Nahrung zusammen zu betteln, nur**
„**diese können und müssen nach der Gerech-**
„**tigkeit abgeschaft werden, weil sie wirklich**
„**die Ruhe und Zufriedenheit anderer Men-**
„**schen stöhren, und ihre eigene Personal-**
„**kräfte**

„kräfte zur Verhinderung der Arbeitsamkeit
„fleißiger Bürger verwenden."

Die leßtern Worte sind, wie sie dastehen, nicht meiner Ueberzeugung und meinen Empfindungen gemäs.
Das Herumziehen, und das Betteln, dies sind
die Handlungen, die eine gerechte und weise Obrigkeit
keinem einzigen Menschen in ihrem Staate zulassen kann,
weil dadurch, das heißt, durch den Ueberlauf der
Bettler, wie ich bereits bestimmt geäußert habe, die
Ruhe und Zufriedenheit der Bürger des Staats gestöhrt,
und ihre Arbeitsamkeit beunruhiget wird. Ich rede, wie
es jeder leicht von selbst hätte sehen sollen, von dem va-
gen Betteln, nicht aber von dem Einsammlen
oder Abhohlen der Wohlthat, welche der Geber
selbst für einen bestimmten Armen auf eine gewisse
Zeit freywillig festgesetzt hat. Nicht von diesem, sondern von jenem ist Unruhe, und Unsicherheit im Staate
zu befürchten. Daher sollen auch keine Gesellschaften im
Staate, sie mögen weltliche oder geistliche seyn, das
vage Gewerbe der Bettler treiben. Dieses Gewerbe muß nothwendig abgeschaft werden, wenns im
Staate wohl stehen soll, und daher darf auch kein Kloster seyn, das diesem für den Staat höchst nachtheili-
gen Geschäfte sich widmet. Aber das will ich hieraus
nicht geschlossen haben, daß die Regenten die Kloster-
verfassung der bisherigen Bettel-Orden aufheben,
und zernichten sollen. Wenn die Klosterpersonen dieser
Orden nicht freywillig austreten, und sich mit ordentli-
chen weltlichen Nahrungsgeschäften abgeben wollen, so
sollen sie nicht von ihrem freywilligen Berufe verdrängt
wer-

werden. Das willkührliche Herumziehen und Betteln sey ihnen nach der Gerechtigkeit untersagt; aber Beyträge der Liebe und Wohlthätigkeit zu ihrer Versorgung zu reichen, soll andern Menschen nicht verwehrt, und ihnen, solche Allmosen anzunehmen, nicht untersagt werden. Das Recht kann man den Menschen unmöglich entziehen, sich mit gänzlicher Verleugnung alles Eigenthums, und aller irrdischen Sorgen, den geistigen Geschäften des Gottesdienstes, und den Arbeiten für die Seelen anderer völlig zu widmen. Wer dies thun will, thut etwas offenbar Gutes und Gemeinnütziges, und es ist nichts von Ungerechtigkeit in seinem Betragen. Alle diejenigen, welche den Werth dieses geistigen Lebens empfinden, werden nun von edler Liebe brennen, jenen Weltverleugnern, und ächten Seelsorgern die geringen Bedürfnisse des thierischen Theils zu verschaffen, und ihnen wohl zu thun. Besonders werden sich diejenigen Menschen, und Gesellschaften solchen Versorgungsanstalten nicht entziehen, welche den Beruf gewählt haben, im Umgange mit Gott zu leben, und durch Weisheit und Thätigkeit Kräfte und Vermögen zum Nutzen des menschlichen Geschlechts, oder zur Ausübung der Liebe zu sammlen. Die geistlichen Gesellschaften in den Staaten werden solchen armen Geist-

lichen

lichen mit allem ihrem Ueberfluß beystehen können, und ihre Bestimmung erfordert es von ihnen.

Die **Gerechtigkeit** läßt es also nicht zu, daß die **Bettelorden** so schlechterdings willkührlich aufgehoben werden. Nur das **vage Betteln** muß allen verboten seyn, aber von der freywilligen Liebe anderer gutthätiger Menschen zu leben, das muß ihnen nach aller **Gerechtigkeit** verstattet bleiben.

Ist keine **Liebe** mehr in den Ländern, wird jeder Mensch nur **nehmen,** aber nie **geben** wollen; so werden die Armen, die sich unter Beobachtung der äussersten Armuth mit einander verbunden haben, die geistige Vollkommenheiten der Seele zu kultiviren, von selbst aus einander gehn, oder mit ihrer vereinten eigenen Kraft ihre Bedürfnisse erwerben müssen. In meinem Buche über die **Reformation der Klöster und geistlichen Stiftungen** werde ich ausführlich zeigen, wie die bisherigen **Bettelklöster** ihre Versorgung aufs beste erhalten, und ohne **vages Betteln** den **Zweck ihres Ordens,** besonders in Unterstützung anderer Armen, durch welche sich die **Klöster der Mendikanten** bisher schon sehr verdient gemacht haben, aufs

voll-

vollkommenſte zu erreichen, im Stande ſind. Ich wollte alſo nicht, daß die **Bettelorden** aufgehoben werden ſollen, ſondern dies allein war der Zweck, auf den ich hinſchauete, daß das **wirkliche Herumziehen, und das vage Betteln** auch den Klöſtern nicht geſtattet werden könnte.

Bey=

Beyträge

zum

zweyten Theil

von

dem Rechte auf die Güter

und

Einkünfte der Klöster und geistlichen Stiftungen, und ihrer Aufhebung besonders in Teutschland.

I.

Ausführlicher rechtlicher Beweis, daß die katholischen teutschen Regenten, welche Landstifter und Klöster in ihren Staaten aufheben, auf die Güter und Renten, die solchen Klöstern in fremden, besonders evangelischen Ländern zustunden, nach der Aufhebung aus dem Westphälischen Frieden kein Recht haben.

Ich habe zwar in meinem Buche: Die Gerechtigkeit in Absicht auf die Klöster, einen vollständigen Beweis dargelegt, daß ein katholischer Reichsfürst, der ein katholisches Kloster aufhebt, auf die in fremden Landen liegende Güter und fallenden Einkünfte eines solchen Klosters keine gegründete Ansprüche machen könne. Ich bin auch so fest von dieser wichtigen Wahrheit überzeugt, daß ich mich anheischig mache, alle nur mögliche Zweifel und Einwürfe gegen dieselbige aus dem Grunde zu heben. Damit aber besonders die Geschäfts-Männer, welche izt über diese interessante Gegenstände ihren Regenten Rath ertheilen, und nach Gerechtigkeit entscheiden sollen, nicht nöthig haben, sich in außerwesentlichen Sachen zu zerstreuen, und ihre Zeit in unnützen Nachsuchungen zu verderben, will ich hier die Punkte, auf welche alles ankommt, deutlich darstellen, und die Gründe in ihrer Simplizität konzentriren. Hoffentlich thue ich dem praktischen Publikum hiedurch einen wesentlichen Dienst.

f

Es beruht bey der Frage: ob ein katholischer Regent, der in seinem Gebiet ein Kloster aufhebt, nach der Aufhebung aus dem Westphälischen Frieden berechtiget sey, auch die ausländischen Güter und Gefälle des Klosters sich zuzueignen, und zu seinen Absichten zu verwenden, alles auf folgenden Punkten:

1. ob eine Stelle im Westphälischen Frieden vorhanden sey, in welcher auf den namentlich bestimmten Fall einer **Klosteraufhebung**, dem Regenten ein Recht auf die Einkünfte des aufgehobenen Klosters, auch auf die in fremden, und besonders in evangelischen Ländern, **ausdrücklich** zuerkannt wird;

2. ob, wenn keine solche **ausdrücklich reden**de Stelle im Westphälischen Frieden da ist, eine andere daraus angeführt werden könne, aus welcher **durch eine nothwendige Folge** nach dem unstreitig zu erkennen gegebenen und nicht zu bezweifelnden Sinne der hohen Paziszenten solches Recht geschlossen werden könne.

Ist kein Gesetz im Westphälischen Frieden, welches mit ausdrücklichen Worten sagt: Im Fall, da ein katholischer Fürst eines seiner katholischen Landklöster **aufhebt,** sollen ihm auch alle ausländische Güter und Renten des Klosters eigenthümlich zufallen; und auch keines, aus welchem nach dem **offenbar unzweifelhaften Sinne** der Paziszenten durch eine nothwendige Folge jener Satz hergeleitet werden kann; so darf Niemand sagen, **der Westphälische Friede gäbe ein solches Recht.** Dies ist evident, und kein denkender

Mann

Landklöſter aufheben, uud wenn er eines ſeiner Landklö-
ſter aufhebt, auch die in evangeliſchen Gebieten liegende Renten und Güter ſolchen Kloſters ſich zueignen.

Meine zweyte Behauptung verdient anſchau-
licher gemacht zu werden. Der Weſtphäliſche Friede iſt
ein Vertrag zwiſchen dem katholiſchen Reichstheile, und
dem evangeliſchen. Nun ſagt der Herr Reichshof-
rath von Rieſel mit der Evidenz des gerade denkenden allgemeinen Menſchenſinnes: Es iſt rechtswi-
drig, und bey Pakten und Kontrakten un-
erträglich, daß man deren Auslegung zu
Dingen erſtreckt, woran während der Errichtung nicht gedacht worden iſt.*) Alſo
kommt es nur darauf an, ob der katholiſche und evangeliſche Reichstheil bey Errichtung des Weſtphäliſchen
Friedens-Inſtruments daran gedacht haben, daß
künftighin, oder nach dem Weſtphäliſchen
Frieden die katholiſchen Regenten ſich anmaßen würden, ihren Ordensleuten ihre
Klöſter aus politiſchen Abſichten zu entziehen, und nach ſolch einer politiſchen Aufhebung der Klöſter auch die in fremder Herren,
insbeſondere den evangeliſchen Ländern liegende Kloſtergüter und darinnen zu erheben-
de Gefälle ſich zuzueignen.

Wenn einer, oder der andere an dieſen Fall dachte,
und auf ſolchen Fall hin eine Abſicht hegte, die er zu erreichen wünſchte, ſo mußte wohl einmal bey den Verhandlungen von einem ſolchen Falle die Rede ſeyn, oder

*) S. Politiſche Staatsbetrachtungen 2. Theil S. 135.

er hätte sich für beyde paziszirende Theile **von selbst** verstehen müssen. **Von selbst** konnte sich der Fall für den katholischen und den evangelischen Reichstheil nicht verstehen. Denn dies war ein damals **ungewöhnlicher Fall**, (casus insolitissimus) daß ein **katholischer Fürst** aus **politischen Absichten**, ohne die etwanigen Mängel seiner Landklöster erst zu verbessern zu suchen, solche ganz aufheben, und den Ordensleuten ihre Güter eigenmächtig nehmen, und auch seine Gewalt über die Güter, die in fremden Staaten lagen, dadurch mit ausdehnen, und diese fremde Güter sich zueignen wollen. Ungewöhnliche Fälle aber verstehen sich nicht **von selbst**. Bey der Verhandlung des Westphälischen Friedens war auch niemals von einem **solchen Falle die Rede**. Man mag **Meyern** von hinten und von vorne lesen, man mag den **Adami** und alle übrige Schriftsteller über die Westphälische Friedenshandlung durchblättern, wo man will, und so lange man will, so ist keine Sylbe davon zu finden, daß die Katholiken sich das Recht einer **politischen Klosteraufhebung** zugeschrieben hätten, oder von dem Rechte etwas gesagt hätten, im Falle **einer künftigen Klosteraufhebung**, den Ordensleuten alle ihre, auch fremde Güter zu entziehen, und ausschließend vor dem Landesregenten, in dessen Gebiete diese liegen, sich zuzueignen. Man findet auch **nirgends**, daß der evangelische Reichstheil auf einen solchen Fall hin, die in seinem Lande liegende Klostergüter und Gefälle dem katholischen fremden Landesherrn hätte überlassen wollen. Man kann also gewiß nicht behaupten, daß die hohen paziszirenden Reichstheile an den Fall einer katholischer Seits vorzunehmenden politischen Klosteraufhebung **gedacht haben**.

Es

Es läßt sich vielmehr beweisen, daß der kathoͤ-
lische Reichstheil damals genau und bestimmt daran
gedacht hat, daß ihm nicht erlaubt sey, jemals
aus politischen Absichten seine Landesklöster
aufzuheben, und die sämmtlichen Klostergüter zu seinen politischen Endzwecken anzuwenden.

In den Gegenbeschwerden der Katholiken
heißt es im 8. Artikel: *) „es sey nicht gemeint, daß
„einem jeden Stande pro arbitrio zugelassen seyn sollte,
„occupationes und Einziehungen der geistlichen Gü-
„ter inskünftige vorzunehmen;„ im 9. Artikel: es sey
„den gemeinen geistlichen und weltlichen Rechten, und
„dem Landfrieden gemäs, keinen andern des Seinigen
„zu entsetzen, weniger die geistlichen Güter contra
„mentem der fundatorum zu verwenden;„ und im
14. Artikel: wie kann zu vermuthen stehen, daß die
„katholischen Stände eingegangen haben sollten, daß
„die Geistlichen durch die weltliche Herrschaften ihrer
„Güter libere et impune entsetzt werden könnten?„
Im 10. Artikel sagen sie, „der Religionsfriede sey für
„die Geistlichen, wie für die Weltlichen.„ Sind
dies nicht die klärsten Zeugnisse, daß den Katholiken damals das Prinzipium stets gegenwärtig gewesen ist: „es sey ungerecht, einem Geistlichen das Sei-
„nige aus politischen Ursachen, oder aus dem
„Vorwande eines gemeinen Besten des Staats zu ent-
„ziehen?„ Ausdrücklich sagen, einen andern des Seinigen zu entsetzen, und die geistlichen Güter contra
mentem fundatorum zu verwenden, dies sey den geistlichen

*) S. v. Meiern Act. pac. Westphal. T. II. s. 549. 550.

lichen und weltlichen Rechten', und dem Landfrieden
zuwider, und doch zugleich daran denken, daß man
für die Zukunft die Klöster aus politischen Absichten
in den Staaten einziehen, und ihre Güter sich zu aller=
ley Landes=Polizey=Anstalten zueignen könne, dieß
sind widersprechende Dinge.

Als nach Endigung der dritten Conferenz, wel=
che die Kayserlichen und Schwedischen Gesandten am
6. Febr. 1647. gehalten hatten, die Kayserlichen über
die Beylegung der Beschwerden ihre Erklärung auf=
setzten, so drückten sie sich wegen der Renten so aus: *)

„Was die Renten, Zinß und Gülten der Geist=
„lichen anlanget, soll es bey demjenigen, was derent=
„wegen im Religions=Frieden verordnet ist, sein Ver=
„bleibens haben; Und diejenigen Geistlichen, so aus
„ihren unter der Augspurgischen Confeßions=Ständen
„Obrigkeit gelegenen Kirchen, Klöstern und Stiftun=
„gen ausgewichen, und sich unter diejenige Katholische
„Obrigkeiten begeben haben, unter welchen ein Theil,
„zu ihren anderwerts eingehabten Kirchen, Klöstern
„und Stiftungen gehöriger Renten und Einkommens
„gelegen ist, bey solchen ihren eingehabten und genof=
„senen Gütern, Renten, Gülten und Einkünften un=
„turbirt gelassen, und fürterhin erhalten werden. „

Wer sieht nicht hier offenbar, daß der katholi=
sche Reichstheil die katholischen Geistlichen, unmittel=
bare, und mittelbare, bey ihren Besitzungen und
Gütern sicher gestellt wissen wollen? Aber wäre das'
Sicherheit für die Geistlichen gewesen, wenn die ka=

f 4   tholi=

tholischen Stände baran gedacht hätten, künftighin
aus **politischen Abfichten** die Klöster aufzuheben,
und die Klostergüter zu ihren politischen Planen zu
verwenden? wären, frage ich, die katholischen Geistlichen nun bey dem Ihrigen sicherer gewesen, als sie
nach der Meinung der katholischen Stände bey den
Evangelischen waren? Gewiß nicht!

Ueberdies würde der Gedanke, daß die katholischen Stände künftighin ihre Landstifter und
Klöster nach ihren Abfichten aufheben, und ihre
Güter sich zueignen wollten, eine Zerrüttung in
der katholischen Kirchenverfaffung gewirkt haben, wenn
ihn die Stände geäußert hätten. Denn die katholischen Stände konnten damals gewiß denken, wie sehr
die katholische Geistlichkeit sich widersetzen würde,
wenn sie die öffentliche Erklärung thäten, Sie wollten sich künftig das Recht vorbehalten haben, zu politischen Abfichten die geistlichen Stiftungen aufzuheben,
und die geistlichen Güter zu ihren politischen Abfichten
sich zuzueignen. Die Geistlichen würden sich gerade
an den Kayser, und das ganze Reich, und an den
Pabst deshalben gewendet haben, um solch ein Recht,
das ihnen so große Gefahr drohete, zu entfernen.

Hätten die katholischen Stände damals solch
einen Plan gedacht, und ihn zur Richtschnur ihrer
Verträge machen wollen, so hätten sie nothwendig entweder als Landesherren, oder als katholische Kir-
chenglieder denselbigen gefaßt. Das erste konnten
sie nicht intendiren; denn sonst würden sie den evangelischen Ständen die politische Aufhebung der katholischen Klöster mit **offenbarem** Unrecht disputirt
haben,

haben, und die evangelischen Stände würden sich das gleiche Recht für die Zukunft nicht haben entziehen lassen. Das zweyte konnte auch nicht statt finden. Denn als Glieder der Katholischen Kirche durften sie die Ordens= und Kloster=Verfassung schlechterdings nicht angreifen.

Es ist demnach eine unumstösliche Wahrheit, daß die Katholischen Stände bey dem Westphälischen Frieden nicht daran gedacht haben, künftighin die Landklöster nach ihrem Gefallen aufzuheben, und ihre Güter zu ihren politischen Planen zu verwenden. Wenigstens mußte der Gedanke in ihren Seelen tief verborgen gehalten werden.

Auch die evangelischen Stände haben zuverläßig nicht daran gedacht, daß sie künftig die Renten und Güter, welche die katholischen Klöster in ihren Landen zu geniessen, und zu beziehen hatten, der Disposition der katholischen Stände überlassen wollten, wenn diese dereinst eine willführliche, politische Aufhebung der Klöster vornehmen sollten. Hätten sie so was gedacht, so würden sie zuverläßig sich nicht anheischig gemacht haben, die katholischen Klöster in ihren Landen in ihrem Stande zu erhalten, darinne sie bey Einrichtung des Westphälischen Friedens waren. Die Ungleichheit hätte allzuauffallend für sie seyn müssen. Die katholischen Stände hätten ihre katholische Klöster in der Zukunft aufheben, und deren Güter und Renten zu ihren politischen Absichten anwenden können; aber die Evangelischen hätten auf ewig ihre katholische Klöster in ihrem Stande lassen, und noch dazu den katholischen Ständen aus ihren Landen die Kloster=Revenüen

f 5   verab=

verabfolgen laſſen ſollen. Wo kann man nur ein Jota finden, aus welchem ſich ſolche Einwilligungen der evangeliſchen Stände denken lieſſen?

Ich habe alſo nun bewieſen, daß in dem Weſtphäliſchen Friedens-Inſtrumente kein Geſetz anzutreffen ſeyn könne, aus welchem **nach dem Sinn der Paziszenten** durch eine nothwendige Folge den katholiſchen Ständen auf den Fall hin, da ſie ihre katholiſche Landklöſter aufheben, ein Recht auf die Güter und Renten ſolcher Klöſter in den evangeliſchen Ländern zukommen könne.

Diejenigen **Gelehrten**, welche bisher behaupteten, daß den katholiſchen Ständen, die ihre katholiſche Landklöſter aufheben, das Recht an den Gütern und Renten der Klöſter in fremden, und beſonders auch evangeliſchen Staaten nicht abgeſprochen werden könne, berufen ſich auf **zwey Stellen** des Weſtphäliſchen Friedens, die ſolches Recht unwiderſprechlich darthun ſollen.

Die erſte iſt der 26. §. des 5ten Artikels. Es heißt ſo: *)

„Auch

*) L. P. O. Art. V. §. 26. Omnia quoque Monaſteria, fundationes, et ſodalitia mediata, quae die prima Ianuarii, anno milleſimo ſexcenteſimo vigeſimo quarto Catholici realiter poſſederunt, poſſideant et ipſi ſimiliter, utut in Auguſtanae Confeſſionis Statuum territoriis, et ditionibus ea ſita ſint; non tamen in alios Religioſorum ordines, quam quorum regulis primitus dicata ſunt, commutentur: niſi talium religioſorum ordo plane interciderit. Tunc enim Magiſtratui Catholico-

„Auch alle diejenigen mittelbaren Klöster, Stif-
„tungen, und Gesellschaften; oder Brüderschaften,
„welche die Katholiken am 1. Jenner 1624. wirklich im
„Besitz gehabt haben, sollen sie gleichmäßig oder auf
„gleiche Art besitzen, ob sie schon in den Ländern, und
„Gebieten der Stände der Augspurgischen Konfeßion
„liegen; doch sollen sie nicht in andere geistliche Or-
„den verwandelt werden, als deren Regeln sie zuerst
„gewidmet worden; wofern nicht der Orden solcher
„Religiosen ganz untergeht; denn in diesem Fall soll
„es der Obrigkeit der Katholiken **frey stehen**, (nicht:
„die Obrigkeit der Katholiken **soll verbunden seyn**)
„aus einem andern schon vor der Religionstrennung in
„Teutschland eingeführt gewesenen Orden neue Reli-
„giosen zu substituiren.„

Aus dieser Stelle wollen itzo katholische und pro-
testantische Staats-Rechts-Lehrer beweisen, **daß die
katholischen Stände, die ihre Land-Klö-
ster, welche sie im Entscheid-Jahr besessen,
aufheben, die Zugehören und Einkünfte
derselbigen auch in protestantischen Reichs-
Landen zu beziehen hätten.**

Allein es sind Evidenzen vom ersten Range, aus
welchen erhellet, daß in dem ganzen §. nur von katholischen **Privat-Inhabern** der katholischen Klöster, nemlich von Mönchen und Nonnen, nicht aber
von

licorum *liberum esto*, (es heißt nicht: *incumbit*) ex
alio in Germania, ante dissidia Religionis exorta, usita-
to ordine, novos Religiosos substituere.

von katholischen Reichsständen, als solchen, die Rede sey. Die Gründe sind diese.

1) Es entsteht die größte Absurdität, wenn man unter den Katholischen, von welchen der Artikel redet, die unmittelbaren Reichsstände, und unter dem Besitz der Klöster, ihre landesherrliche Gerechtsame über die geistliche Stiftungen versteht. Denn nun müßte man unter dem Magistrate dieser Katholischen, welche die Klöster nach landesherrlichen Rechten besitzen, einen Magistrat der katholischen Reichsstände verstehen, der sich nicht denken läßt.

2) Man kann unter den katholischen Besitzern der Klöster darum keine Reichsstände verstehen, weil unmittelbar im Nachfolgenden von dem Falle geredet wird, da Katholische und Evangelische zugleich in den Klöstern gelebt haben, und welcher ganz offenbar nur Privatbesitzer der Klöster darstellt.

3) Die Idee, welche das Gesetz darlegt, von Klöstern, die im Entscheid=Jahr von Katholischen zum Theil besessen worden, ist der Gegensatz von der Idee, daß Klöster im Entscheid=Jahre von Katholischen ganz, oder allein, besessen worden, und nicht von Evangelischen mit, aber nicht der Gegensatz von der Idee, daß Klöster im Entscheid=Jahre unter den landesherrlichen Rechten eines katholischen Reichsstandes gestanden. Daher kann die Anfangs=Idee des Artikels, daß Katholische im Entscheid=Jahre gewisse Klöster im Besitz gehabt haben sollen, nicht katholische Stände, die nach dem Recht der Landeshoheit betrachtet werden, sondern nur

katho=

katholische Personen, die keine evangelische Mit-
besitzer neben sich gehabt haben, ausdrücken.

4) Erst der 43. §. des 5ten Friedens-Artikels redet mit **ausdrücklichen Worten** von der **Landeshoheit** der deutschen katholischen und evangelischen
Reichsstände über Stiftungen, und alle andere Arten
von Unterthanen. Daher kann der 26. §. nicht von
dem **völlig gleichen** Falle verstanden werden.

5) Der 26. §. redet ausdrücklich von katholischen **Realbesitzern** der Klöster und Stiftungen;
aber **Realbesitzer** eines **Gutes** seyn, ist wesentlich
von der **landesherrlichen Gerechtsame** über die
Güter unterschieden, und es ist Absurdität im höchsten
Grade für einen jeden Menschen-Sinn, den Landesherrn vermöge seiner landesherrlichen Rechte über
Geld und Gut, und Häuser und Hof seiner Unterthanen einen Real-Inhaber dieses Geldes
und Gutes, dieser Häuser und Höfe zu nennen.

Dies sind die fünf Gründe, die ich in meiner
Schrift über die Klöster bereits aufgestellt habe, und
die gewiß keiner widerlegen kann. Die zwey letzten
Gründe, deren jeder allein schon hinreichend wäre, hat
vor mir keiner gebraucht. Der letzte ist in meinen Augen ganz unüberwindlich, und es wäre also an ihm genug. Ich fordere alle Publizisten auf, besonders die
Herren **Böhmer, Brauer, Roth**, und alle
übrigen, mir zu erweisen, daß das **landerherrliche
Recht eines Fürsten** über die Güter seines Volks
Real-Inhabung, oder **Realbesitz,** wohlgemerkt,
der Güter, genennt worden, und genennt werden
könne. Wir haben selbst in den Friedens-Exekutions-
hand-

handlungen ein auffallendes Beyspiel, daß diese Ideen
in ihrem rechten Lichte darstellet. Die beyden Pfalz-
grafen **Wolfgang Wilhelm** und **Christian
August** erlassen eine gemeinschaftliche Verordnung,
und sagen: *)

„Wir **Wolfgang Wilhelm** 2c. 2c. als re-
„gierender **Fürst**, und wir **Christian August**,
„als **Inhaber** und **Erbherr** der Aemter 2c. 2c. ent-
bieten 2c. 2c. Ists nicht offenbar, daß der **Realbesitz** eines **andern** von der **landesherrlichen Gerechtsame** darüber unterschieden wird? Wer wird
da wohl noch sagen wollen, daß **Realbesitzer** eines
Klosters seyn, eben so viel heißen könne, als das **landesherrliche Recht** über das Kloster haben? Man
lese übrigens, was ich über diesen Punkt bereits in der
Gerechtigkeit in Absicht auf die Klöster gesagt habe,
ich hoffe, es wird den Freund der Wahrheit nicht ge-
reuen.

Ich will aber itzt noch einige Gründe zum Beweis dessen beyfügen, daß in unserm 26. §. ganz und
gar nicht von **landesherrlichen Gerechtsamen
katholischer Reichs-Stände** über katholische
Klöster geredet seyn kann.

6) Im vorhergehenden 25. §. spricht das Gesetz
von dem Besitze, den evangelische Stände über katholische Klöster und Stiftungen im Entscheid-Jahre
gehabt haben, und es setzt ausdrücklich hinzu: die evangelischen Stände sollen diesen ihren **Besitz** behalten,
die

*) S. von Meiern in Act. execut. pac. T. II p. 614.

die Stiftungen oder Klöster mögen in ihrem Lande und unter ihrer Landeshoheit liegen, oder sie mögen nicht unter ihrer Landeshoheit liegen; sie mögen exemt seyn, oder nicht. Also ist evident, daß der Besitz, von welchem hier bey den evangelischen Ständen die Rede ist, nicht die landesherrliche Gerechtsame, sondern die Real-Inhabung, die Inhabung *jure proprietatis*, bedeute. Sonst könnte nicht dastehen, die evangelischen Stände sollen die Klöster behalten, sie mögen unter ihrer Landeshoheit liegen oder nicht. Nun ist der 26. §. der Gegensatz vom 25. in Absicht auf die Religion der Inhaber der Stiftungen, nicht in Absicht auf die Art des Besitzes. Es muß also da nur die Rede seyn von dem Real- und Privat-besitz der Katholischen über die Klöster, wie im 25. von dem Realbesitze der Protestanten die Rede ist. Ferner hatten die protestantischen Fürsten über die Klöster, die in ihren Ländern lagen, und zu denselbigen gehörten, schon vorher, ehe sie solche einnahmen, und reformirten, die landesherrliche Hoheit, und diese wurde ihnen von den Katholiken nie streitig gemacht. Daher kann auch aus diesem Grunde von den landesherrlichen Gerechtsamen der protestantischen Stände über die reformirten und okkupirten Klöster im 25. §. nicht geredet worden seyn, und also findet die Idee des landesherrlichen Besitzes auch im 26. §. nicht statt.

7) Es wird ausdrücklich im 26. §. gesagt, daß, wenn in solchen katholischen Klöstern, die entweder die Katholiken allein, oder zugleich mit den Evangelischen im Entscheidjahre inne gehabt, die Evangeli-

.geli-

gelifchen die Präfentationsrechte , die Vifitations=
rechte, Auffcht, Beftätigungsrechte, das Recht zu
forrigiren, und zu befchügen, das Oefnungsrecht, die
Agung, die Frohndienfte, gehabt hätten, fie folche
fernerhin behalten follten, und daß fie auch ex jure
devoluto das Recht haben follten, die vakanten Prä=
benden zu verleihen, falls die Wahlen nicht zur gehö=
rigen Zeit vorgenommen würden. Läßt fich aber wohl
der Fall denken, daß ein katholifcher Reichsftand
die landesherrlichen Gerechtfamen über ein
katholifches Klofter im Jahr 1624. allein, oder mit
einem Evangelifchen zugleich gehabt habe, und daß
gleichwohl alle Rechte, die zur geiftlichen und weltli=
chen Superiorität gehören, nicht dem Landesherrn,
fondern einem andern, der nicht Landesherr ift, im
nemlichen Jahr hätten zukommen follen? Noch mehr!
läßt fich wohl denken, daß, wenn die Wahlen in einem
folchen katholifchen Klofter nicht zur gehörigen Zeit ge=
fchehen, nicht der Landesherr, fondern ein anderer,
der nicht Landesherr ift, die vakanten Präbenden
zu verleihen das Recht ex jure devoluto habe haben
follen? Wo läßt fich in dem beftimmten Falle ein *jus
devolutum* auf den, der zu der Zeit nicht Landes=
herr ift, gegen den Landesherrn denken? zumal
wenn diefer auch, wie das Klofter, katholifcher Reli=
gion ift? Diefes alles läßt fich nicht denken, fondern
kann nur da ftatt finden, wenn ein evangelifcher Reichs=
ftand über ein in feinen Landen liegendes katho=
lifches Klofter zugleich Landesherr war.

Daher heißt es in den mediis compofitionis
der Evangelifchen vom 21. Febr. 1646. No. 10. daß
die

die in folchen Mediat=Stiftern und Klöstern befindliche
katholische Geistliche und Ordens=Personen, sie er=
kennen sonst einen dioecesanum, oder nicht, der
evangelischen Obrigkeit tam. in ciuilibus,
quam criminalibus unterworfen seyn und bleiben
sollen.

Es ist demnach unumstöslich, daß der 26. §.
nur von katholischen Privatbesitzern der geistli=
chen Stiftungen und Klöster redet, und also keine
Anwendung auf **den Fall** haben kann, da von dem
Rechte eines Reichsstandes auf ein katholisches
Kloster die Rede ist. Es fällt also weg, daß nach
diesem §. ein katholischer Reichsstand einen Besitz lan=
desherrlicher Rechte in einem katholischen Kloster habe,
welche er, wenn er das Kloster aufhebt, über dasseb=
bige und alle seine in= und ausländische Güter und Ge=
fälle nur fortsetze. Der ganze §. spricht nur von **Pri=
vatbesitz,** den die Klosterleute über das Kloster und
dessen sämmtliche Zubehörungen haben.

Die **zweyte Stelle,** aus welcher bisher viele
Staatsrechtslehrer beweisen wollen, daß im Falle ei=
ner Klosteraufhebung in katholischen Landen der ka=
tholische Landesherr des Klosters alle Güter und Ge=
fälle desselbigen, in= und ausländische, sich zuzueignen
berechtiget sey, ist der 47. §. des 5. Artikels. Es heißt
daselbst:

„Die Renten derjenigen Stiftungen, welche seit
„dem Jahr 1624. destruirt worden, oder künf=
„tig noch verfallen werden, sollen, wenn sie auch
„gleich ausländische sind, dem Herrn des destruir=
9 „ten

„ten Klosters, oder des Ortes, da dasselbige „gelegen gewesen, abgeliefert werden. „

Hier beruht alles auf der Frage, ob unter der Destruktion und dem Zerfallen der Klöster eine politische Aufhebung, oder eine moralische Tödung derselbigen mit verstanden werde; oder ob nur eine physische Eingehung der Klostergebäude gemeint sey, oder endlich, ob die Verledigung der Klöster, oder die Leerstehung derselbigen durch jene Worte angezeigt werde. Darf man wohl nach Belieben eine oder alle diese Bedeutungen in unserm Gesetz annehmen? Muß man nicht vielmehr darüber erst nachforschen, für welchen Sinn die Paziszenten sich vielleicht schon erklärt haben. Es kommt also auf folgende Punkte an:

1) Wer hat in dem Vertrage zuerst von der Destruktion und dem Zerfall der Klöster Erwähnung gethan, und auf diesen Fall hin etwas festgesetzt wissen wollen, und

2) was für einen Sinn hat der, welcher zuerst an die Destruktion und Verfall gedacht hat, mit seinen gebrauchten Worten verbunden, was hat er eigentlich gewollt?

Der Sinn eines Vertrages muß nothwendig nicht nach dem Kopfe eines Dritten, sondern blos nach dem Kopfe und Willen der Paziszenten bestimmt werden, und was der Paziszent, der den Punkt, wornach gefragt wird, zuerst in Vortrag gebracht hat, eigentlich damit gewollt, das ist ein Faktum, das, wenns nicht klar in den Vertrags-Verhandlungen liegt, allein von den Paziszenten, aber nicht

von

von einem gelehrten Ausleger, in Richtigkeit ge=
bracht werden muß.

Wer hat also bey dem Westphälischen Frieden
den Punkt von den Renten destruirter, und verfal=
lener Stiftungen **zuerst** in Anregung gebracht? Wa=
ren es die Katholiken, oder die evangelischen Reichs=
stände? Das lehren die Friedens = Traktaten hinläng=
lich. Der katholische Reichstheil wars nicht,
sondern **allein der evangelische,** der von einem
Rechte über die Renten eingegangener, destruir=
ter, zerfallener Klöster etwas bestimmt wissen
wollte. Man lese alle Friedens = Verhandlungen vom
Anfange mit Aufmerksamkeit durch, und man wird in
den Aufsätzen und Protokollen der Katholiken nicht eine
Sylbe davon finden, daß sie von den Einkünften
aus destruirten, oder künftig noch eingehenden
Klöstern etwas hätten festgesetzt wissen wollen.
Nur die evangelischen Stände brachten diesen
Punkt **zuerst** zum Vortrag. Sie wollten genau fest=
gesetzt wissen, wie es mit den Renten und Einkünften
solcher Klöster gehalten werden sollte, die schon vor
dem Jahr 1624. eingegangen waren, dann wie es mit
den Renten derer Stiftungen gehalten werden sollte,
die seit dem Jahr 1624. destruirt worden wären, und
endlich mit den Renten derer, die künftighin, das ist,
nach dem Westphälischen Frieden noch eingehen, oder
in Verfall kommen würden. Von allen diesen Punk=
ten hatten die katholischen Stände niemals nur einen
Buchstaben von sich gegeben. Bey den Westphäli=
schen Friedenshandlungen brachten nur erst am 21. Febr.
1646. die evangelischen Stände in ihrer Gegen= Er=

klärung

klärung den Punkt über die Renten der Klöster auf die Art in Vortrag, *) daß

1) die Renten, welche den **evangelischen** Stiftungen zuständig wären, unweigerlich von den Katholiken verabfolget;

2) alle Gefälle und Einkünfte, welche die Evangelischen zu ihrem Gottesdienste, oder zu andern milden Sachen gestiftet hätten, an den Ort, dahin sie geordnet worden, des Uebertritts der Stifter, oder ihrer Nachkommen, zur katholischen Kirche ungeachtet, unweigerlich geliefert werden;

3) die Renten und Einkünfte, welche aus andern Territorien **solchen Stiftungen** zuständig, die im Jahr 1646. ganz destruirt und abgegangen, demjenigen verbleiben sollten, der im Jahr 1618. diese Renten bezogen; aber die Renten derjenigen Klöster, die seit 1618. **desolat** worden, oder künftig noch in Abgang kommen würden, in das Territorium folgen sollten, darinnen das abgegangene Kloster gelegen;

4) diejenigen Stifter oder Klöster, welche im Jahr 1618. in andern Ländern die Novalzehenden bezogen hätten, bey diesem Rechte auch für die Zukunft gelassen werden sollten; diejenigen aber, welche im Jahr 1618. keine Novalzehenden zu beziehen, solche auch hinführo nicht fordern sollten; und endlich

5) dasjenige, was im Religions = Frieden in dem §: **Als nach den Ständen** ꝛc. verordnet worden, unveränderlich gehalten werden sollte.

Dies

*) v. Meiern l. c. T. II. S. 568 ff.

Dies war also die Proposition der **Evangeli‍schen**, dadurch sie ihre Forderung in dem 4ten überge‍benen gravamine mehr bestimmten.

Da es also **aktenmäßiges Faktum ist**, daß **die evangelischen Stände zuerst** den Punkt von den Renten der destruirten Klöster in den Westphäli‍schen Friedenshandlungen aufs Tapet gebracht haben; so kommt es auch lediglich darauf an, **was sie für ei‍nen Sinn mit ihren Worten verbunden ha‍ben;** dies muß lediglich aus den **Aufsätzen und Protokollen der evangelischen Stände** erse‍hen, und kann nicht auf eine willkührlich ange‍nommene Erklärung ausgesetzt werden.

Die Evangelischen machten in ihrem ersten Auf‍satze einen Unterschied zwischen Stiftungen und Klö‍stern, die vor 1618. schon destruirt und abgegangen wa‍ren, und solchen, die erst seit 1618. destruirt und ab‍gegangen waren, oder noch künftig abgehen würden. Von den Renten der **ersten** bestimmten sie, daß sie demjenigen bleiben sollten, der sie im Jahr 1618. bezo‍gen, und die Renten der **andern** wollten sie **in das** Territorium fernerhin geliefert wissen, **darinnen das abgegangene Kloster gelegen.** Aber was sollten bey den evangelischen Ständen **destruirte** und **ab‍gegangene** Klöster bedeuten? In keinem einzigen evangelischen Aufsatze oder Protokolle findet man, daß die Evangelischen darunter **aufgehobene,** oder obrig‍keitlich **reformirte Stiftungs‍** oder **Klosterge‍sellschaften** verstanden hätten. Die Idee: **Mön‍cherey,** und **Nonnerey** von **Obrigkeitswegen abschaffen,** und die **Stiftungsgüter** und **Ge‍**

g 3 **bäude**

bäube zu andern Absichten destiniren, hatten die evangelischen Stände noch niemals eine Destruktion der Stiftungen oder Klöster genennt. Sie sahen diese Veränderung für eine weise Verbesserung der Fundationen an, und gaben ihr auch keinen andern Namen. In ihren politischen Beschwerden redeten sie aber ausdrücklich von seit 1618. her abgebrannten, niedergerissenen und beschädigten, oder auch um der öffentlichen Sicherheit willen, und nach Kriegsräson demolirten Kirchen und Klöstern, und sagte, dieser Schade sey unersetzlich, und müsse in Vergeß gestellt werden. Diesen abgebrannten, niedergerissenen und beschädigten, oder demolirten unbeweglichen Gütern, unter deren Generalbenennung sie Kirchen und Klöster mit verstanden, setzten sie diejenigen unbeweglichen Güter, also auch Kirchen und Klöster u. s. w. entgegen, welche einem oder dem andern seit 1618, unter welcherley Prätexte es immer geschehen seyn mochte, entzogen, oder den Unterthanen abgedrungen worden. *) Hieraus zeigt sich offenbar, daß ein, einer Mönchs- oder Nonnengesellschaft willkührlich entzogenes Kloster nach der Sprache der evangelischen Stände kein destruirtes oder abgegangenes Kloster war. Die seit 1618. einer geistlichen Gesellschaft entzogene Kirchen, oder Klöster sollten ohne Entgelt wieder restituirt, und eingeräumt werden, da hingegen die seit der nämlichen Zeit her destruirten in Vergeß gestellt werden sollten.

Ferner

*) S. v. Meiern am a. O. T. II. S. 315.

Ferner erklärten sich die Evangelischen in Absicht auf die Mediat=Stifter, Klöster, und geistliche Güter, welche zwar in evangelischen Territorien gelegen, aber im Jahr 1618. von Katholischen annoch wirklich besessen werden, solche fernerhin nicht einzuziehen, oder zu reformiren. *) Also konnten sie unter den seit 1618. her desolaten, oder noch künftig in Abgang kommenden Landstiftern und Klöstern keine von ihnen aufgehobene, oder reformirte Klöster verstehen. Was wäre das für eine Sprache der evangelischen Stände gewesen: Wir wollen zwar von den Klöstern, die im Jahr 1618. noch in katholischer Besitzer Händen gewesen, keines mehr aufheben oder reformiren, wir wollen vielmehr die Klöster, welche wir seit 1618. den katholischen Besitzern entzogen haben, wieder restituiren, und einräumen; aber wenn wir seit 1618 ein katholisches Kloster eingezogen haben, oder künftig ein solches noch einziehen werden, so sollen die Einkünfte davon in das Land, darinne dieses aufgehobene Kloster gelegen, das ist, an uns abgeliefert werden.

Unmöglich kann man die erste am 21. Febr. 1646. gemachte, unter der 3. Nummer enthaltene Proposition der Evangelischen über die geistlichen Renten von Stiftungen verstehen, die in katholischen Ländern von katholischen Ständen aufgehoben werden. Die Worte würden nun diese seyn:

G 4   „Die

*) v. Meiern am a. O. T. II. S. 569. n. 4.

„Die Renten und Einkünfte, welche aus unsern
„evangelischen Territorien solchen katholischen
„Stiftungen und Klöstern zuständig, die bis
„anitzo (1646) von den katholischen Ständen
„aufgehoben und reformirt worden sind, sollen
„demjenigen verbleiben, der im Jahr 1618. sol-
„che Renten gezogen; aber die in unsern Lan-
„den fallende Renten derjenigen katholischen
„Klöster, die seit 1618. von den katholischen
„Landesherren aufgehoben und reformirt worden,
„und künftig noch von ihnen aufgehoben und re-
„formirt würden, sollen in das katholische Ter-
„ritorium folgen, darinnen das aufgehobene ka-
„tholische Kloster gelegen.„„

Diese Worte den evangelischen Ständen in den Mund
legen, heißt sich selbst des **größten Unsinns** schuldig machen. Die Katholischen hatten niemals auf
den Fall hin, wenn sie katholische geistliche Stiftungen **politisch aufheben**, oder sie und ihre Einkünfte
zu andern Absichten bestimmen würden, etwas von den
evangelischen Ständen verlangt; sie hatten nie die
Forderung an die Evangelischen gemacht, daß sie die
Renten sollten verabfolgen lassen, die solchen Klöstern
zuständig gewesen wären, die sie schon selbst in ihren
Ländern politisch aufgehoben hatten, und die sie künftig noch aufheben würden. Da aber die katholischen
Stände an die Evangelischen auf den **Fall einer politischen Klosteraufhebung** nichts forderten; so
kann man den Evangelischen unmöglich andich-
ten, daß sie den Katholischen etwas versprochen

oder

ober gegeben hätten, was man Katholischer Seits
von ihnen nicht verlangt hatte. So was thut na=
türlicher Weise kein Paziszent, und wer es doch be=
haupten will, muß es aus den Verhandlungen
erst beweisen. —

Die katholischen Stände wollten sich auf die
Renten destruirter oder künftighin noch verfallender
Klöster in ihren Gegenerklärungen nie deutlich einlassen,
bis endlich die Evangelischen durch feste unwandelbare
Wiederholung ihres Vortrages durchdrangen, und die
Katholischen dahin brachten, daß sie **in Gemäsheit
der evangelischen Forderung** den Artikel für den
Westphälischen Frieden aufsetzten, und also in **keinem
andern Sinne** von der Destruktion der Klöster re=
den konnten, als in welchem die Evangelischen das
Wort genommen hatten. Ich habe den zusammen=
hangenden Verlauf dieser Verhandlung in meiner
Schrift über die Gerechtigkeit in Absicht auf die
Klöster §. 81. umständlich dargelegt.

Man kann demnach aus dem 47. §. des 5. Arti=
kels nicht beweisen, daß die Renten, welche **aufge=
hobene** katholische Klöster in evangelischen Staaten
zu beziehen hatten, nach der Aufhebung den katholi=
schen Reichsständen, oder Landesherren der aufgeho=
benen Klöster zugehören. Der Hauptgrund ist, weil
die **Destruktion,** davon in solcher Stelle die Rede
ist, nicht etwa blos nach dem gemeinüblichen
Sprachgebrauche — dieser würde hier am wenig=
sten zu bedeuten haben, — sondern **nach dem dar=
gelegten Sinn der Paziszenten** keine **politi=
sche Aufhebung** der Klöster bedeuten **kann.**

Ich

Ich füge nun auch die Gründe kürzlich bey, welche ich bereits in meiner Schrift: die Gerechtigkeit
für die Klöster, gebraucht habe.

1) Der Westphälische Friede selbst unterscheidet
die **Destruktion** der geistlichen , oder heiligen Gebäude von deren Umschaffung zu einem andern Gebrauch, wie solches der 56. §. des 4. Artikels deutlich zeigt.

2) In unserm 47. §. des 5. Artikels wird von
dem **Orte** geredet, darinnen das destruirte Kloster
gelegen war. Dieses Prädikat aber: **an einem**
Orte gelegen seyn, (situm esse in loco) geht offenbar nicht auf die geistlichen Gesellschaften selbst, sondern auf **die Gebäude.**

3) Der Zusammenhang des 47. §. mit dem vorhergehenden 46. gestattet es ganz und gar nicht, daß
darinnen von einer **politischen Aufhebung** der
Klöster geredet werde. Im 46. §. heist es:

„diejenigen Renten, welche den Augspurgischen
„Konfeßionsverwandten Ständen von einge-
„zogenen oder aufgehobenen geistlichen Stiftun-
„gen aus den katholischen Ländern gebühren,
„sollen ihnen, wenn sie am ersten Jenner 1624.
„in deren Besitze und Genuße gewesen sind, ohne
„allen Anstand verabfolgt werden. „

Wenn der 47. §. nun so sagte: **Auch** diejenigen
Renten , welche den Augspurgischen Konfeßionsverwandten Ständen von anitzo eingezogenen oder aufgehobenen Stiftungen aus fremden Ländern gebühren,
sollen denen, welche am 1. Jenner 1624. im Besitz der-
selbi-

selbigen gewesen sind, abgeliefert werden; so würde dies die ungeschickteste Tautologie vom 46. §. seyn. So ungeschickt konnten aber die großen Geschäftsmänner in der That nicht reden, die bey den Westphälischen Friedens=Unterhandlungen thätig gewesen sind. Also muß man unter den Worten: destruirte und verfallene Stiftungen, durchaus nicht eingezogene oder aufgehobene, sondern physisch eingegangene, oder ohne obrigkeitliche Aufhebung ledig gewordene Fundationen verstehen, wenn man nicht ganz wider den Sinn der Paziszenten handeln will. Wenn nun also in dem ersten Theile des 47. §. unter den destruirten und verfallenen Stiftungen keine eingezogene, oder aufgehobene, sondern physisch untergegangene, oder ledig wordene verstanden werden können, so würde die größte Absurdität in das Gesetz hinein getragen werden, wenn man in dem Nachsatze, den der 2te Theil des 47. §. enthält, unter der Destruktion und dem Verfall der Stiftungen, eine Einziehung und Aufhebung verstehen wollte. Die ganze Stelle würde so heißen:

§. 46. Diejenigen Renten, welche den Augspurgischen Konfeßionsverwandten Ständen von eingegangenen Stiftungen aus den katholischen Landen zuständig sind, sollen ihnen, wenn sie am 1. Jenner in deren Bezug gewesen sind, verabfolgt werden. §. 47. Auch diejenigen Renten, welche den Augspurgischen Konfeßionsverwandten Ständen von solchen anitzo physisch untergegangenen, oder ledig wordenen, und wüst stehenden Stiftungen in fremden Ländern gebühren,

ren, follen denen verabfolgt werden, die fie am
1. Jenner 1624. bezogen haben. Wenn aber feit
dem Jahr 1624, oder noch fünftighin ein Stand,
er fey katholifch oder evangelifch, in feinem
Lande katholifche Stiftungen **aufheben**, oder
einziehen follte, fo follen die Renten davon
auch aus fremden Landen dem **Landesherrn**
des aufgehobenen Klofters, **nicht mehr der
Geiftlichkeit,** zugehören.

Im erften Theile des 47. §. ift immer noch die Rede
von Stiftungen, welche die evangelifchen Stände
fchon eingezogen hatten, und die vor dem Jahr
1624. bereits phyfifch deftruirt oder erledigt wor=
den waren. Nun foll im 2. Theile, der durch den
Ausdruck **Aber,** und durch die Beftimmung: nach
dem 1. Jenner 1624, oder künftig untergehen,
einen **offenbaren** Gegenfaß des vorigen Prädika=
tes darftellet, ein ganz anderes Subjekt, und ein ganz
anderes Prädikat verftanden werden. Ift ein folcher
offenbarer Unfinn möglich?

Und wenn im **zweyten Theile** von **Einzie=
hung** oder **Aufhebung katholifcher** Stiftungen
die Rede feyn follte, fo würde man den Saß von der
Aufhebung katholifcher Stiftungen entweder von
evangelifchen Ständen, oder von Katholifchen,
oder von beyden zugleich annehmen müffen. Im
erften Falle würde der Sinn der Stelle diefer feyn:

Wenn die evangelifchen Stände katholifche Stif=
tungen und Klöfter erft feit dem Anfange des
Jahrs 1624. eingezogen haben, oder künfrig nach
dem Weftphälifchen Frieden noch einziehen wer=
den;

ben ; so sollen ihnen als Landesherren solcher Stiftungen die Renten dieser Fundationen über= lassen werden.

Aber dieser Satz ist offenbar dem Westphälischen Frie= densschlusse zuwider ; denn die evangelischen Stände sind durch die ausdrücklichen Gesetze desselbigen ver= pflichtet, den Stand des Entscheidjahres und Tages in Absicht auf die katholische Kirchenverfassung unge= stöhrt zu lassen, also auch keine katholische Stiftung aufzuheben.

Im zweyten Falle würde die Stelle so lauten :

Wenn die katholischen Stände katholische Stif= tungen und Klöster seit dem Anfange des 1624. Jahres eingezogen haben, oder noch künftighin einziehen werden; so sollen ihnen, wenn sie **Lan= desherren der Klöster** sind, die Einkünfte solcher Stiftungen überlassen werden.

Dieser Satz aber kann aus folgenden wichtigen Grün= den in den Westphälischen Frieden nicht hineingetra= gen werden, weil erstlich die evangelischen Stände, welche einzig und allein den ganzen 47. §. veranlaßt, und auf die Einrückung gedrungen haben, mit Gerech= tigkeit nicht fordern konnten, was die katholischen Landesherren für rechtliche Verhältnisse gegen die ka= tholische Geistlichkeit haben sollten; zum andern im Westphälischen Frieden das Verhältniß zwischen der katholischen Geistlichkeit und den weltlichen katholischen Herren kein Gegenstand der Unterhandlung war; drit= tens die evangelischen Stände zuverläßig nicht darauf gedrun=

gebrungen haben können, daß die katholischen Landes=
herren in Ansehung der katholischen Stiftungen für die
Zukunft mehr Rechte haben sollten, als sie die Evan=
gelischen selbst ; viertens endlich nach diesem Sinne
des Westphälischen Friedens alle Stände würden be=
rechtiget seyn, alle Fundationen ihrer Kirche aus poli=
tischen Ursachen aufzuheben, und ihre Güter und
Gefälle sich zuzueignen, welches doch offenbar die
schreyendste Ungerechtigkeit wäre.

Der **dritte Fall** fällt nun also von selbst weg,
und es ist mithin nichts gewisser, als daß in der gan=
zen Stelle des 47. §. von keiner andern Destruktion
und Verfall der katholischen Stiftungen die Rede ist,
als von einer **physischen Verwüstung, und Le=
digwerdung der Stiftungen, aber nicht von
einer politischen Einziehung, oder Aufhe=
bung derselbigen.**

Ich hoffe, daß diese wichtige Gründe, die ich
aus den Friedenshandlungen dargelegt habe, und
welche bisher den Schriftstellern ganz entgangen waren,
die Sache ausser allen Zweifel setzen werden.

Es ist mir in der That nicht zu begreifen, wie
Herr Prof. **Böhmer** in Göttingen, darauf hat ver=
fallen können, unter der Destruktion und dem Verfall
der Stiftungen auch die **moralische,** oder **politi=
sche Tödung,** oder die **Aufhebung** der Stiftungs=
gesellschaften zu verstehen. Die Trugschlüsse, die er
gemacht hat, habe ich schon in meinem Buche von der
Gerechtigkeit in Absicht auf die Klöster §. 78. darge=
legt, und entkräftet. Ich will aber hier noch andere
wichtige Gründe wider die Böhmerische Auslegung

auf=

aufstellen. Erstlich kann Herr Böhmer gewiß keine einzige Stelle aus den Reichstags-Akten, oder aus andern öffentlichen Schriften, und Urkunden beybringen, in welcher die Ausdrücke: Destruktion und Verfall, eine politische Aufhebung, Abschaffung, oder Umformung, und Reformation bedeuten könnten. Zweytens zeigen vielmehr die Urkunden damaliger Zeiten, daß man gewohnt war, unter der Destruktion und dem Verfall der Güter theils eine physische Degradation ihres Werthes, theils aber eine Verledigung und Ledigwerbung, eine Endigung des Gebrauchs zu ihrer Hauptbestimmung zu verstehen. Ich will aus den unzähligen Beyspielen nur einige herlegen. In den Verordnungen der Tridentinischen Kirchenversammlung Sess. 21. c. 7. werden verfallene Kirchen (ecclesiae collapsae) nicht diejenigen genennt, die moralisch oder politisch aufgehoben worden, sondern diejenigen, welche aus den Einkünften der Kirche wieder aufgebauet oder repariret werden sollen. Also waren verfallene Kirchen physisch ruinirte Kirchengebäude. Wenn ich aber so schliessen wollte, als Herr Prof. Böhmer, so könnte ich beweisen, daß nach solcher Verordnung eine aufgehobene Kirchengesellschaft verstanden werden müsse. Denn unter dem Worte Kirche wird nicht allein das Kirchengebäude, sondern auch die kirchliche Gesellschaft verstanden, und von der kirchlichen Gesellschaft kann kein anderer, als ein moralischer Verfall gedacht werden. Herr Böhmer aber würde mit diesem Schlusse unmöglich zufrieden seyn können. Im Jahr 1652. sagte der Fürst Johann Ludwig zu Nas-

fau Habamar, als er eine Jesuiterfundation mach=
te: *)

"Dies aber, daß die Revenüen auf tausend
"Thaler hinaufsteigen, kann nicht anders gesche=
"hen, als durch die Verbesserung der besonders
"durch die vorigen Kriege sehr **destruirten** und
"**desolirten** Güter, oder durch Verschaffung
"neuer Einkünfte. "

Kurz! es ist nie eine andere eigentliche Bedeutung der
Wörter: **destruiren** und **verfallen** gewesen, als
eine physische Verschlimmerung der Güter, von wel=
chen die Rede ist. Daß aber unter destruirten Klö=
stern auch blos verledigte, verlassene und ausgeleerte
Klostergebäude verstanden werden können, dies habe
ich in meiner vorigen Schrift über die Klöster hinläng=
lich gezeigt.

Die *evangelischen* **Reichsstände** haben den
47. §. in dem 5. Artikel des Westphälischen Friedens
veranlasset. Wenn sie nun die Worte: **destruirte**
und **verfallene** Klöster, nicht in ihrer natürlichen und
eigentlichen oder gemeinüblichen Bedeutung genommen
hätten, so müßte dies entweder aus *ihren* **Dekla-**
rationen gezeigt werden, oder es müßte **sonnen-**
klar

*) S. die von Seiten Nassau Oranien herausgegebene Recht=
liche Ausführung, daß das Hochgräfliche Haus Wiedrun=
kel diejenigen Güter, Zehenden, Waldungen, und alle
übrige Gefälle, so die im Jahr 1773. ausgegangene Je=
suiter=Residenz zu Hadamar —— in dem Wiedrunkeli=
schen besessen hat, Reichsgesetzwidrig sich angemasset ꝛc. ꝛc.
20ste Beylage.

klar ſeyn, daß nicht die natürliche und eigentliche, ſondern nur eine uneigentliche Bedeutung ſolcher Worte in der vorliegenden Stelle ſtatt finden könne; oder die **unſtreitige und evidente** Abſicht der evangeliſchen Stände müßte nicht blos die eigentliche und natürliche Bedeutung, ſondern auch die uneigentliche Bedeutung der gedachten Worte erfordern. Eine von dieſen drey Fällen muß nothwendig ſtatt finden. Allein wenn man die Geſchichte der Weſtphäliſchen Friedensverhandlung mit Aufmerkſamkeit ließt, ſo läßt ſich keiner von dieſen Fällen entdecken. Deklarationen der evangeliſchen Stände, daß ſie unter der Deſtruktion und dem Verfall der Fundationen politiſche Aufhebungen, und Einziehungen hätten verſtanden wiſſen wollen, ſind nicht da. Weder die vorliegende Stelle des Weſtphäliſchen Friedens, noch die Abſicht der evangeliſchen Stände erfordert auch eine uneigentliche Bedeutung der mehr angeführten Worte: nicht **jene,** denen alles, was in der Stelle ſteht, iſt deutlich und der Natur völlig gemäs, wenn die gedachten Worte in ihrer eigentlichen Bedeutung genommen worden; nicht **dieſe,** denn die evangeliſchen Stände hatten nie die Abſicht, künftighin noch weiter katholiſche Stiftungen aufzuheben, ſie hatten es ſchon ausdrücklich erklärt, daß ſie das nicht thun wollten; ſie hatten auch nie die Abſicht geäußert, den katholiſchen Ständen das Recht zuzuerkennen, die Klöſter künftighin aus politiſchen Endzwecken aufzuheben, und die Revenüen derſelbigen aus den evangeliſchen Ländern an ſich zu ziehen.

Ich habe übrigens in meiner Schrift von der Gerechtigkeit in Abſicht auf die Klöſter in dem 80. und 81. §. aus den öffentlichen Staatsunterhandlungs-

Schrif-

Schriften hinlänglich dargethan, daß die evangelischen Stände, **von welchen der 47. §. unsers West-phälischen Friedensartikels herkommt,** nie-mals eine uneigentliche Bedeutung der Worte **destruir-te und verfallene Stiftungen** gebraucht, sondern immer nur entweder **blos physisch zerrüttete,** oder ohne obrigkeitliche Aufhebung **ledig gewordene** Fundationen und Klöster verstanden haben.

Wenn aber auch im 47. §. des 5. Friedensartikels von einer seit dem Jahr 1624. her geschehenen, oder künftig noch geschehenden **Aufhebung der Funda-tionen** die Rede wäre, welches doch nicht ist, so könn-ten die katholischen Stände diese Stelle doch nicht für sich anwenden. Denn es läßt sich gründlich beweisen, daß nur auf **die von den evangelischen Ständen offupirte und bereits reformirte Stiftungen** in mehrgedachtem §. Rücksicht genommen worden, aber gar nicht auf damals **katholisch gebliebene Funda-tionen.** Ich habe dieses in meiner oft angeführten Schrift §. 75. und 76. Seit. 140. 147. aufs vollstän-digste bewiesen, und will hier solchen Beweis nicht wie-derhohlen. Ich habe auch §. 80. und 81. aus den Staatsakten gezeigt, daß in unserer Stelle von gar kei-nen andern Fundationen, als denen, die von den evan-gelischen Ständen bereits **eingezogen** waren, je-mals die Rede gewesen sey.

Will man nun unter den Ausdrücken: **Destruk-tion,** und **Verfall** der Stiftungen und Klöster in der vorliegenden Friedensstelle nicht blos die physische Zerrüt-tung, oder Ledigwerdung, sondern auch die **politische Aufhebung** derselbigen verstehen, so würde dies alles doch

doch nur auf die **evangelischen Stifter, Klöster, Hospitäler** ꝛc. aber nicht auf die **katholischen Fundationen** gehen können. Die Stelle würde so heißen:

„Auch die Renten, Zehnden, Zinsen, und Pen-
„sionen, welche den Augspurgischen Konfessionsver-
„wandten Ständen wegen der bereits untergegange-
„nen, oder zerfallenen, das ist, entweder **phy-
„sisch zerrütteten,** oder **ledig geworde-
„nen,** und **politisch aufgehobenen** Stif-
„tungen, aus fremden Ländern zugehören, sollen
„denenjenigen verabfolget werden, welche am 1.
„Jenner 1624. in deren Besitze, oder Genuße ge-
„wesen sind. Welche **evangelische Stif-
„tungen** aber erst seit dem Jahr 1624. zu Grun-
„de gegangen sind, das ist, entweder physisch ver-
„wüstet, oder erlediget, oder **völlig aufgehoben**
„worden sind, oder künftig eingehen, das ist, phy-
„sisch verwüstet, erlediget, oder **völlig aufge-
„hoben** werden, deren Pensionen, auch die, wel-
„che aus fremden Gebieten fallen, sollen an den Herrn
„des eingegangenen, das ist, entweder physisch
„verwüsteten, oder erledigten, oder gänz-
„lich aufgehobenen **evangelischen Klosters,**
„oder des Orts, da das Kloster gelegen gewesen,
„entrichtet werden. „

Wenn man vielleicht sagen wollte, wie man's wirklich gethan hat, daß wegen der festgesetzten **Rechtspari-tät** zwischen dem katholischen und evangelischen Reichs-theile das nämliche, was von der **Destruktion,** das ist, physischen Verwüstung und politischen Aufhebung der

evan-

evangelischen Stiftungen angenommen wird, auch
von der Destruktion, das ist, physischen Zerrüttung
und politischen Aufhebung der katholischen Stiftungen in den katholischen Ländern behauptet werden müsse,
so gebe ich folgendes zur Antwort.

Nichts ist richtiger, und fester, als daß in allen
Fällen, sie mögen seyn und heißen, wie sie wollen,
oder durchgehends zwischen den Katholiken, und
Evangelischen die pünktlichste, oder genaueste
Gleichheit statt finden soll, so lange nicht die
Form des teutschen Reichs, die Reichsgesetze,
und besonders der Westphälische Friede oder ein
darinn enthaltener unzweifelhafter Vergleich beyder Religionstheile entgegen stehen. Dieses Ent-
gegenstehen ist aber nicht etwa blos Schweigen,
Nicht-Bestimmen, Nicht-Ausdrücken, sondern es ist wirkliche Bestimmung einer Ungleichheit, wirklicher Ausdruck einer Ungleichheit, deutliche und evidente Darstellung, daß der eine Religionstheil ausschlies-
send vor dem andern etwas haben soll. Wo
die Form des teutschen Reichs, oder die Reichsgesetze,
oder insbesondere der Westphälische Friede nicht bestimmt,
und positiv eine Ungleichheit festsetzen, da gilt die
Rechts-Paritätsregel des Westphälischen Friedens.
Dies ist ein so wichtiges Fundament von der Wohl-
fahrt des teutschen Reichs, daß nicht um ein Haar breit
davon abgewichen werden darf, ohne Saamen zu gefähr-
lichen Unruhen auszustreuen. Ueber diesen außerordent-
lich interessanten Gegenstand der Rechtsparität werde
ich in meinem Staatsmagazin für Teutschland eine
ausführliche kritische Betrachtung mittheilen.

Es

Es beruht also nun darauf, ob nicht der 47. §. des 5. Artikels des Weſtphäliſchen Friedens dem evangeliſchen Reichstheile ein beſonderes Recht zuerkannt hat, oder ob nicht dadurch dem evangeliſchen Reichstheile ausſchlieſſend vor dem katholiſchen Reichstheile etwas zugeeignet worden.

Ich habe in meinem Buche von der Gerechtigkeit in Abſicht auf die Klöſter §. 81. beſonders Seit. 180. 181. ſchon dargelegt, daß in der Seſſion der evangeliſchen Stände vom 11. Julius 1646. das Direktorium unter andern proponirte: „weilen die Katholiſchen das Caput von den reditibus Silentio „praeterirt, ob es bey dem evangeliſchen Aufſatz Art. 35. zu laſſen, oder blos auf der „Diſpoſition des Religionsfriedens zu ſtellen „ſeyn möchte? Wie es mit den reditibus und „Einkünften der deſtruirten oder ganz deſolat „gemachter Stift und Klöſter gehalten werden „ſollte?„ Man ſieht hieraus, daß die evangeliſchen Stände ihren 35. und 36. Artikel in ihrer Erklärung vom 9. Jun. 1646. auf welche ſie ſich itzt bezogen, nicht für völlig identiſch mit der Diſpoſition des Religionsfriedens hielten; ſonſt hätten ſie ja nicht gefragt, ob es bey dem evangeliſchen Aufſatz Art. 35. zu laſſen, oder blos auf der Diſpoſition des Religionsfriedens zu ſtellen ſey. — Die Katholiken waren damit nicht einig, ſondern wollte dieſen Punkt wegen der Renten blos bey dem Religionsfrieden belaſſen wiſſen (Seit. 181 m. Buches.) Mithin waren die Katholiken, und die Evangeliſchen in dem Artikel, der die Renten der geiſtlichen Stiftungen betraf, in Streit mit einander.

H 3

der. Jene sahen die Disposition des Religionsfriedens für völlig hinlänglich in der Sache an; diese aber dachten anders. Gerade so nun, wie die Evangelischen dachten, mußte der Artikel in dem Westphälischen Frieden ausgedruckt werden, und er ist also nur in dem Sinne zu nehmen, welchen die Augspurgischen Konfessionsverwandten dabey hatten (Seit. 184 meines Buches.) Nun hatten aber die evangelischen Stände nie im Sinn, und konnten es nie haben, daß, wenn die katholischen geistlichen Stiftungen künftig würden aufgehoben werden, alle Renten derselben aus den evangelischen Staaten den **katholischen Landesherrn** der aufgehobenen Stiftungen zufallen sollten. Sie wollten weiter nichts, als daß die Renten, die aus katholischen Ländern ihren damals okkupirten, und reformirten Stiftungen gehörten, auf den Fall, wenn solche Stiftungen künftig zu Grunde gehen, oder wenn man's auch will, von ihnen ganz aufgehoben werden würden, dennoch den evangelischen Landesherrn dieser Stiftungen berabfolgt werden sollten. **Diese Forderung der Evangelischen bewilligten nun die Katholiken,** und es kam also hier ein förmlicher Vergleich zwischen beyden Theilen über einen den Religionsfrieden betreffenden strittigen Punkt zu Stande, welcher das vorige Verhältniß aufhob, in welchem ein jeder Theil es machen konnte, wie er wollte. Die evangelischen Stände hatten sich nun das Recht auf die ausländischen Renten ihrer okkupirten und reformirten Stiftungen, im Falle einer geschehenen, oder noch geschehenden Verwüstung, oder Aufhebung, **durch eine lange Unterhandlung und einen bestimmten Vergleich** mit den Katholiken erworben, und erwerben müssen. Und die Katholi-

tholiken sollten sich das nämliche Recht **ohne Ver-gleich** mit den Evangelischen anmaßen können? Ist das möglich, ohne der **Rechtsparität** zuwider zu handeln?

Die Katholiken haben sich aber nie von den evange-lischen Ständen das ausbedungen, was sich diese von je-nen ausbedungen haben, und nie von den evangelischen bewilliget erhalten, was sie ohne Bewilligung nicht ha-ben konnten. Daher ist in dem 47. §. des 5. Friedens-Artikels den **evangelischen Ständen** durch einen besondern Vergleich mit den Katholiken ein **besonderes Recht** zugestanden worden, welches die Katholiken auch nicht anders, als durch einen besondern Vergleich mit den evangelischen Ständen erlangen können, aber auf den Fall der politischen Aufhebung der Klöster nicht erlan-get haben.

Nun ist es also, wie ich glaube, unumstößlich ge-wiß, **daß, wenn eine katholische geistliche Stiftung in einem katholischen Lande auf-gehoben wird, ihre Güter und Gefälle in dem Lande eines evangelischen Reichsstandes von dem katholischen Landesherrn des auf-gehobenen Klosters aus dem Westphälischen Frieden durchaus nicht** gefordert werden kön-nen.

Es bleibt vielmehr bey der Regel des allgemeinen Staatsrechts, daß der evangelische Landesherr be-rechtiget sey, nach völliger Aufhebung der katho-lischen Klöster, und so lange nicht Jemand an-ders sein unumstößliches Recht beweißt, sogleich die Güter und Gefälle für sich und sein Land ein-

zu-

zuziehen, welche die aufgehobenen Klöſter in ſeinen Landen hatten.

Es ſtimmt dieſes ſelbſt mit den Dispoſitionen des
Weſtphäliſchen Friedens aufs genaueſte überein. Nach
dem Weſtphäliſchen Frieden ſoll alles ohne Unterſchied
zwiſchen dem katholiſchen und evangeliſchen Reichstheile
in dem Stande gelaſſen werden, wie es am 1. Jenner
1624. war. Wenn nun aber ſeit dieſer Zeit die Katholiken ihre Klöſter und geiſtliche Stiftungen aufheben,
und die Renten und Güter ſolcher Klöſter aus den evangeliſchen Ländern an ſich ziehen könnten, ſo dürften ja die
Katholiken den Stand des Entſcheidjahres und Tages **in
dieſen Stücken** abändern, und die evangeliſchen Stände, die weiter keine katholiſche Klöſter aufheben können,
die weiter keine geiſtliche Revenüen ziehen können, als ſie
im Jahr 1624. gehabt haben, müßten den Stand des
Entſcheidtages und Jahres völlig beobachten. Kann dies
dem Weſtphäliſchen Frieden gemäs ſeyn? Offenbar iſt es
demſelbigen zuwider.

Hatte im Entſcheid-Jahre und Tage ein katholiſcher Stand kein Recht, **durch ſeine landesherrliche Dispoſitionen** über die Lande ſeiner evangeliſchen
Mitſtände etwas zu verfügen; ſo kann er ſich auch dieſes Recht nach dem Entſcheidjahre nicht anmaßen. Aber
dies würde ja offenbar geſchehen, wenn er in ſeinen Län-
den die katholiſchen Stiftungen aufheben, und **durch
dieſen Akt** die Kloſtergüter und Einkünfte in den Landen ſeiner evangeliſchen Mitſtände an ſich ziehen, oder
ſich zueignen dürfte. Es iſt alſo nichts gewiſſer, als
daß ſelbſt nach dem Weſtphäliſchen Frieden kein katholiſcher Reichsſtand die Güter und Revenüen der von ihm
auf-

aufgehobenen katholischen Stiftungen aus der evangelischen Reichsstände Gebieten fordern könne.

Wenn der Stand des Entscheidtages und Jahres
auf alles geht, was das Verhältniß des katholischen und
evangelischen Reichstheils betrifft, wenn er also sowohl
auf Rechte, als Verbindlichkeiten sich erstrecket; so darf
auch kein katholischer Reichsstand den evangelischen andere Schuldigkeiten auflegen, als sie am Entscheidtage gegen die Katholischen hatten. Waren sie also nur Schuld-
ner von einem Privat-Kloster, so konnte sich an dessen
statt kein katholischer Reichsstand zum Gläubiger aufdringen.

Die Stadt Heilbronn forderte bey Meiern
in den Friedens-Exekutionshandlungen 2. Theil
Seite 573 daß das Kloster Schönthal in seinen zu
Heilbronn habenden bürgerlichen Höfen anstatt der weltlichen Bedienten keine geistlichen einführen sollte,
weil es dem Stande des Entscheidungstages
und Jahres zuwider war. So kann und muß
man auch fordern, daß die katholischen Stände
sich nicht selbst anstatt der Mediatklöster zu Gläu-
bigern und Besitzern gewisser Güter in der evangelischen
Stände Landen aufdringen sollen, weil solches dem Stande des Entscheidtages und Jahres offenbar zuwider seyn
würde.

Der ächte Geist des Westphälischen Friedens, der
hauptsächlich darauf abzielt, daß keine von den beyden
großen Religions- und Kirchenpartheyen in irgend einem Stücke über die andern vordringen
soll, erfordert also, daß die evangelischen Fürsten,
wenn die katholischen in ihren Ländern die Klöster und

Stif-

Stiftungen nach dem Entscheidtage und Jahre politisch aufheben, berechtiget seyn müssen, sich die Güter und Einkünfte zuzueignen, welche die Klöster und Stiftungen in den evangelischen Staaten zu beziehen hatten. Dies ist Folge der **großen Rechtsparität**, und des **Entscheidtages und Jahres**, auf welchen der Westphälische Friede als auf seinen zwey Hauptsäulen ruhet.

Ich will aber nun auch noch die fürnehmsten Beweise entkräften, durch welche man zu befestigen gesucht hat, daß **die Landesherren der aufgehobenen katholischen Klöster und Stiftungen** sich auch die Einkünfte derselbigen in fremden evangelischen Landen auzumaßen berechtiget wären. Ich will also zuförderst das Göttingische rechtliche Bedenken über die Einziehung der in evangelischen Landen gelegenen Güter auswärtiger Jesuiter-Collegiorum, so in dem Lande eines katholischen Reichsstandes befindlich sind, welches Herr Prof. **Böhmer** in seiner bekannten Streitschrift de jure occupandi statuendique de bonis exstincti ordinis Jesuitarum &c. Seit. 138 ff. der Welt mitgetheilet hat, und welches die hohe Gerechtsame der evangelischen Reichsstände ganz niederzuwerfen sucht, in seiner Blöse darstellen. Damit man aber alles aufs genaueste übersehen kann, will ichs hier in seiner ganzen Ausdehnung abdrucken lassen, und allenthalben, wo's nöthig ist, **meine Anmerkungen und Widerlegung** beyfügen.

II.

ruhet es 1) außer Zweifel, daß durch die Aufhebung des
Jeſuiter-Ordens ein jedes Collegium deſſelben eine uni-
verſitas oder moraliſche Perſon im Lande zu ſeyn, auf
gleiche Weiſe aufgehöret, als von einer Stadt geſagt
wird, quod deſinat eſſe civitas, dum aratrum in
eam inducitur.

L. 21. D. quib. mod. uſusfr. amittit.

Die natürliche Folge davon iſt, daß die zu ſolchen
Collegiis angelegte Güter keinen rechtlichen Herrn und
Beſitzer mehr haben, und als erledigte Güter anzuſehen.

§. 3.

2) Nach der Verfaſſung des Jeſuiter-Ordens ſind
ſowohl ſämmtliche Glieder dieſer Geſellſchaft, als auch
ihre Güter, von was Art ſie ſeyn mögen,
von aller Obrigkeit, Gerichtsbarkeit und Regierung aller
und jeder ordinarien vom Pabſt Paul III. durch die
Bulle vom 15. Nov. 1549. befreyet,

Corpus inſtitutorum Societatis Ieſu Vol. I. p. 21.
und mittelſt ihres Ordens-Oberhaupts, welchem die om-
nimoda gubernatio ſeu Superintendentia über die
allen und jeden Collegiis zugeeignete Beſitzungen, Einkünfte und Renten beygeleget iſt, dem Schutz des Hofes
zu Rom unterworfen worden. Aus vorgedachter Or-
densverfaſſung ergiebt ſich, daß bey dem Ausgang des
Ordens kein Ordinarius aus einem Recht der geiſtlichen
Gerichtsbarkeit auf die davon befreyte Güter einen An-
ſpruch machen kann.

§. 4.

3) Die Güter der Jeſuiter-Collegiorum haben
die ihnen beygelegte Freyheit, als Ordens-Güter genoſſen:

sen: sie sind hergegen in Ansehung des weltlichen Staats, unter der Hoheit und Schutz der Landesherrschaften geblieben, so wie alle temporalia der Landeshoheit unterworfen sind. Da nun diese, mit dem Ausgang des Ordens, aufhören Ordens-Güter zu seyn, so tritt der Fall ein, in welchem die landesherrlichen Rechte auch nach gemeinen Rechten auf bona vacantia gegründet sind.

L. 4. L. 5. C. De bonis vacantibus.

Wenn darnach allein dieser Fall zu beurtheilen ist, so gewinnen die landesherrlichen Rechte eine desto sichere Anwendung, da sie von Seiten der geistlichen Gerichtsbarkeit keiner Anfechtung unterworfen sind. Nach diesen Grundsätzen haben selbst katholische Fürsten auswärtiger Reiche sich die Verfügung über die sämmtlichen Güter dieses Ordens zugeeignet, und katholische Reichsstände haben nach gleichen Gründen diese Güter unter landesherrliche Verordnung gezogen.

§. 5.

Wenn gleich 4) unter erblosen Gütern eines privati und unter solchen Gütern, die durch Stiftungen zu öffentlichen Absichten gewidmet sind, in der Ausübung der landesherrlichen Rechte einiger Unterscheid obwaltet, indem jene zwar völlig eingezogen, diese aber sowohl der Billigkeit nach, als auch nach dem in gemeinen Rechten vorkommenden ähnlichen Fall

in L. 16. D. de vsu et reditu legato.

zu andern gleichmäßigen und der Stiftung am nächsten kommenden Absichten zu verwenden sind; 1)

so

1) Daß der Billigkeit nach die Güter, welche durch Stiftungen zu öffentlichen Absichten gewidmet sind, von dem

Lan-

so betrifft dennoch dieses nur die Art der Bestimmung,
und ändert das landesherrliche Recht um desto weniger,
als

Landesherrn zu andern gleichmäßigen, und der Stiftung
am nächsten kommenden Absichten, zu verwenden sind,
kann niemals allgemein erwiesen werden. Es beruht alles darauf, ob die Absichten, zu welchen der Stifter die
Güter bestimmt hatte, durch die Stiftungsgüter auf immer, durch wen es auch sey, befördert werden sollen,
oder ob der Stifter nur den Zweck hatte, die Güter einer bestimmten physischen oder moralischen Person zum Genuß zu überlassen, und nur dieser Person
zur Norm vorschriebe, für die Verwaltung und den Genuß dieser Güter eine gewisse Absicht zu befördern, oder
befördern zu helfen. Der Unterschied ist hierinnen auß-
serordentlich groß. Im ersten Falle muß ein Regent
allerdings das Stiftungsgesetz beobachten, und die Güter, wenn die erste Person, die solche verwaltet hat, ab-
stirbt, oder getödtet worden, zu der nämlichen Absicht
der Stiftungen fernerhin brauchen lassen. Aber im andern Falle ist es nicht so, da ist die Beförderung der
Absicht des Stifters nur Regel für die bestimmte Person, welcher der Stifter aus Liebe und Vertrauen gegen
sie, nicht aber so gegen einen jeden andern, die Besor-
gung dieser Absicht, und die Güter übertragen. Ich habe dies schon in meiner Schrift von der Gerechtigkeit in
Absicht auf die Klöster anschaulich erläutert. Ich will
es aber hier noch deutlicher darstellen. Gesetzt! ich
schenkte der Königl. Sozietät der Wissenschaften zu Göttingen ein einträgliches Landgut hier im Lande, und bestimmte dabey, daß sie von den Revenüen desselbigen alle
Jahre einige interessante landwirthschaftliche Preißaufga-
ben bekannt machen, und den besten Beantwortungen
derselbigen Preise ertheilen sollte. Habe ich hier nicht
das Landgut zu einer öffentlichen Absicht gewidmet? Aber
wenn

als selbst diese Bestimmung von landesherrlicher Verfügung, der sie durch die Eröfnung unterworfen worden,
allein abhänget.

§. 6.

Wenn die Sozietät der Wissenschaften zu Göttingen einmal aufhörte zu seyn, und das Gut nun vakant würde,
müßte wohl der Landesherr dieses Gutes nach der Billigkeit dieses Gut wieder zu Preisaufgaben verwenden?
Gewiß nicht.   Ich hatte nicht zur Absicht, daß die Einkünfte meines Guts auf ewig zu Preisen gebraucht werden sollten, sondern ich hatte die Ehre der Königl. Sozietät der Wissenschaften zu Göttingen zu meinem Haupt-
Augenmerke, nur durch diese wollte ich von den Revenüen meines Guts Preise ausgetheilt wissen.   Ohne
Rücksicht auf diese Gesellschaft war mir an der Bestimmung und Austheilung der Preise nichts gelegen.   Also
muß genau bey einer Stiftung darauf gesehen werden, ob
der Stifter die Absicht nur durch eine bestimmte Person,
zu welcher sie vorzügliche Liebe, oder ein besonderes Vertrauen hat, erreicht wissen will.

Aber es sollen auch nach einem in gemeinen Rechten
vorkommenden ähnlichen Falle in l. 16. D. de usu et reditu legato, die Stiftungsgüter zu andern gleichmäßigen
und der Stiftung am nächsten kommenden Absicht verwendet werden!   Das Gesetz heißt so: „Wenn einer einer Stadt ein Kapital oder einen Fond vermacht hat, daß
zu seinem Gedächtniß alle Jahre ein öffentliches
Schauspiel gegeben werden solle, es ist aber in der Stadt
kein Schauspiel erlaubt; so soll der Fond zum Andenken des Stifters auf eine andere erlaubte Weise in
der Stadt verwendet werden.„   Ists möglich, daß man
diesen Fall hier bey den geistlichen Stiftungsgütern so
anwenden könnte, wie der Verfasser des rechtlichen Bedenkens gethan hat?   Die Hauptabsicht des Stifters in
dem

§. 6.

Die Folge scheinet daher 5) streng zu seyn, daß,
da katholische Landesherren, in deren Landen die Jesuiter-Collegia gelegen sind, die ihnen zugehörige Güter,
unter

dem Falle des römischen Gesetzes war die Erhaltung
seines Andenkens in der Stadt. Diese seine Hauptabsicht konnte nicht blos durch Spektakels, sondern durch
öffentliche Reden, durch öffentliche Mahlzeiten u. s. w.
vollkommen erreicht werden. Wenn nun nicht bestimmt
ist, daß gerade die Spektakels der einzige besondere
Zweck des Stifters sind, so muß allerdings, wenn die
Comödien in der Stadt nicht erlaubt sind, durch eine andere erlaubte Anstalt das Andenken des Stifters ge-
feyert werden. Denn dies war seine bestimmte Hauptabsicht, die er erreicht wissen wollte, es mochte durch
ein Mittel seyn, durch welches es immer wollte. Er
hatte auch nicht Personen bestimmt, durch die sein Andenken jährlich erneuert werden sollte, es mochte solches
durch Personen geschehen, durch welche es immer geshe-
hen konnte. Aber daraus kann nicht auf unsern gegenwärtigen Fall allgemein hin geschlossen werden, nicht auf
den Fall, da ein Stifter einer gewissen Person, aus
Liebe und Vertrauen zu ihr einen Fond zur Benutzung vermacht, und nur die Norm ihr vorschreibt, für
die Benutzung dieses Guts eine gewisse Absicht zu befördern. Wenn nun gleich diese Absicht auch durch andere
Personen befördert werden kann, so war dies doch nicht
der Wille des Stifters. Er gab den Fond nicht blos
zu dieser Absicht unbestimmt, er gab ihn, um die bestimmte Person zu beglücken, oder zu ehren, und
fügte für diese Person, nicht für andere, das Gesetz bey,
daß sie eine gewisse Absicht zu bewirken suchen sollte,
die zu ihrem Glücke, oder zu ihrer Ehre beytragen würde.

unter die landesherrliche Verfügung ziehen, und so wohl
geiſtliche als weltliche Reichsfürſten hierunter nach landes-
hoheitlichem Rechte handeln, einem evangeliſchen Landesherrn, in deſſen territorio die jenen zugehörige Güter,
Zinſen und Gefälle gelegen ſind, die gleichmäßige landesherrliche Verfügung darüber ohne Unterſchied zuſtehen
müſſe, weil hierunter nicht die Ausübung einer geiſtlichen Gerichtsbarkeit, ſondern allein das landesherrliche
Recht in Betracht kommt, und dieſes in ähnlichen Fällen, wo von Einziehung der Güter, ſo in den Landen
eines Reichsſtandes gelegen ſind, gefragt wird, ſelbſt
durch die Kayſerl. Capitulation art. 20. §. 7. bedeckt iſt.

§. 7

6) Die Verordnung des Weſtphäliſchen Friedens
art. 5. §. 26.

leidet in der Anwendung auf vorliegende Frage erhebliche Bedenken. Es heißt daſelbſt: Omnia quoque
monaſteria, fundationes et Sodalitia mediata,
quae die 1. Ian. anno 1624. Catholici realiter
poſſederunt, poſſideant et ipſi ſimiliter, vtut
in A. C. Statuum territoriis et ditionibus ea ſita
ſint; non tamen in alios religioſorum ordines,
quam quorum regulis primitus dicata ſunt,
commutentur, niſi talium religioſorum ordo plane interciderit. Tum enim magiſtratui Catholicorum liberum eſto, ex alio in Germania ante
diſſidia religionis exorta vſitato ordine nouos re-
ligioſos ſubſtituere. Hierin iſt von katholiſchen Klöſtern oder andern mittelbaren ſodalitiis die Rede, welche in der Herrſchaft eines evangeliſchen Reichsſtandes ge-

i   legen

legen find, und von Katholischen in dem Entscheidungs-
Jahr besessen worden. Wenn nun gleich, wie

Henniges in Medit. ad I. P. art. 26.

angemerket, unter dem Ausdruck Catholici, in Ver-
gleichung des vorhergehenden §. 25. wo von dem Besitz
der Statuum A. C. an solchen Klöstern die Rede ist, katholische Obrigkeit und Reichsstände angedeutet werden:
so ist dennoch solches von katholischen geistlichen Reichsständen und Prälaten zu verstehen, und daher leidet diese Stelle keine Anwendung auf Jesuiter-Collegia, so
in den Landen evangelischer Reichsstände gelegen sind,
weil weder ein katholischer geistlicher Reichsstand sie aus
Gründen der geistlichen Gerichtsbarkeit, noch auch ein
katholischer weltlicher Reichsstand sie aus Gründen eines
hoheitlichen Rechts in territorio alieno in dem Entscheidungsjahr hat besitzen können.

Dieser Grund, welcher die Jesuiter-Collegia
selbst betrifft, scheinet nicht weniger bey Gütern eines
auswärtigen Jesuiter-Collegii, welche in Landen eines
evangelischen Reichsstandes gelegen sind, eine gleichmäs-
sige Anwendung zu leiden.

§. 8.

Diese dürften die vornehmsten Gründe seyn, welche zur Behauptung der vorliegenden Frage, und für
die landesherrliche Rechte in Einziehung der in Lande gelegenen Güter eines eingegangenen, und in den Reichs-
landen eines andern katholischen Reichsstandes gestandenen Jesuiter-Collegii überhaupt angeführet werden könnten.

ten. 2) Sie würden in voller Stärke eintreten, wenn von einem Jesuiter-Collegio selbst, so in evangelischen Landen befindlich seyn sollte, und von dessen Gütern die Frage wäre; bey welchen ein evangelischer Landesherr der landesherrlichen Gerechtsamen sich eben so wohl, wie ein katholischer Reichsstand, zu bedienen berechtiget ist. Die gegenwärtige Frage betrift die in evangelischen Landen befindliche Güter eines auswärtigen in katholischen Reichs-landen gestandenen Jesuiter-Collegii. Bey diesen muß der Unterscheid zum Grunde geleget werden, ob ein sol-ches Jesuiter-Collegium in dem Entscheidungsjahr und dessen ersten Tag in dem Besitz dieser Güter gestanden, oder ob diese Güter demselben erst nachhero aus Stiftun-gen, oder aus einem andern besondern Titul zugefallen. Güter der letztern Gattung sind blos nach landesherrlichen Rechten zu betrachten; und sie stehen daher unter der Verfügung des evangelischen Landesherrn, in dessen Lan-de sie gelegen. Güter der ersten Art fallen unter die Ver-ordnung des Westphälischen Friedens, und stehen unter der Verfügung des katholischen Reichsstandes, in dessen Lande das Jesuiter-Collegium befindlich ist, welches sie im Entscheidungsjahre besessen. 3)

I 2   §. 9.

2) Nein! es giebt weit mehr und noch wichtigere Gründe für die Gerechtsame der evangelischen Reichsstände, die ich in meiner ersten Schrift über die Gerechtigkeit in Absicht auf die Klöster, und auch in dieser neuen Schrift hinlänglich gewiesen habe.

3) Dies ist der Satz, der bewiesen werden soll. Wir wol-len also nun die folgenden Gründe hören, und beurthei-len. S.

§. 9.

Dergleichen Jesuiter = Collegia, welche im Lande eines katholischen Reichsstandes befindlich sind, gehören 1) mit den Gütern, welche sie den ersten Jenner 1624 wirklich besessen, wo diese auch gelegen sind, unter die Gattung der Mediat = Klöster und Stiftungen, von welcher der Westphälische Friede

art. V. §. 25. et 26.

überhaupt, und insonderheit im §. 26. dieses verordnet, vt omnia monasteria, fundationes et bona media-ta, quae d. 1. Ian. a. 1624. Catholici realiter pos-sederunt, et ipsi similiter (perinde et status Euan-gelici juxta §. 25.) possideant, vtut in A. C. Sta-tuum territoriis et ditionibus (videlicet cum suis pertinentiis, reditibus et accessionibus vbicun-que sitis juxta §. 25.) ea sita sint. In so ferne al-so katholische Reichsstände auch Jesuiter = Collegia, so in ihren Landesherrschaften aufgerichtet worden, nebst den dazu gehörigen Gütern im Entscheidungsjahr in Besitz gehabt, in so ferne bleibet dieser Besitz auf gleiche Weise, wie bey evangelischen Reichsständen, das vnicum solumque futurae obseruantiae fundamentum. 4)

Henniges ad I. P. art. V. §. 26. p. 397.

§. 10.

___

4) Ganz richtig ist dieser Satz: Wenn katholische Reichs= stände Jesuiter= Collegia, so in ihren Landesherrschaf= ten aufgerichtet worden, nebst den dazu gehörigen Gü= tern im Entscheidungs= Jahre im Besitze gehabt, so bleibt dieser Besitz auf diese Weise wie bey den Evange= lischen Reichsständen das einzige Fundament aller künfti= gen Obseruanz. Allein darauf beruht nun eben alles,

§. 10.

2) Diese Verordnung des §. 26. art. V. I. P. ſetzt
den Beſitz zum Grunde, welchen katholiſche Reichsſtände an den in ihren Landen befindlichen Mediat=Stiftun-
gen, und an deren außer ihrem Land belegenen Gütern
gehabt. 5) Nur diejenige Art des Beſitzes, den ein
i 3   Reichs-

ob ein katholiſcher Reichsſtand, in deſſen Lande ein Je-
ſuiter=Kollegium angelegt worden, dieſes Collegium und
alle dazu gehörige Güter in Beſitz habe, oder gehabt
habe. Wir wollen ſehen, was der Verfaſſer des Bedenkens darüber ſagt.

5). Ich fordere Beweis davon, daß die Verordnung des §.
26. art. V. I. P. von einem Beſitze der katholiſchen
Reichsſtände an den in ihren Landen befindlichen Mediats
Stiftungen rede. Der Verfaſſer des rechtlichen Bedenkens hat hier vorausgeſetzt, was ohne Beweis nicht vorausgeſetzt werden konnte. Die Verordnung redet von
einem realen Beſitze der Katholiken an Mediat=Stif-
tungen. Sie ſagt aber nicht, daß katholiſche Reichsſtände unter dieſen katholiſchen Beſitzern der Mediat-
Stifter gemeynet ſeyn. Woher weiß denn der Ausſteller des Bedenkens, daß unter dieſen Katholiken, von welchen das Geſetz redet, katholiſche Landesherren,
als ſolche verſtanden werden müßten? Dieſer Sinn iſt
ganz unmöglich, wie ich ſolches ſo wohl in meiner mehr
angeführten Schrift, über die Gerechtigkeit in Abſicht auf die Klöſter, als auch in dieſem gegenwärtigen
Buche hinlänglich gezeigt habe. Ich will mich hier nur
auf den einzigen Grund nochmal berufen, daß man dem
Landesherrn keinen Realbeſitz an den in ſeinem Gebiete befindlichen Privatgütern zueignen könne, ohne
ſich der offenbarſten Abſurdität ſchuldig zu machen. Der
Landesherr hat wohl einen Realbeſitz der landesherrlichen

Reichsstand jure status an solchen Mediat-Stiftungen
hat, kann hierunter verstanden werden, welcher von demjenigen Besitz, den die Stiftung, als ein geistliches
corpus daran hat, wesentlich unterschieden ist. 6) Omnia enim bona mediata, tam ecclesiastica quam
secularia, duos habent possessores, vnum, qui
pro statu possidet et alium, qui pro subdito. Possessio pro statu jus territoriale respicit, quo res
possessa regitur: possessio pro subdito dominia
aliaque jura priuatorum continet. 7)

Henniges ad I. P. art. V. §. 25. p. 333.

In
lichen Gerechtsame über die Güter, oder nicht einen
Realbesitz der Güter selbst. Unsere Verordnung im
W. F. redet jedoch ausdrücklich vom Realbesitz der Klöster und Güter selbst, nicht vom Realbesitz der Landeshoheit über die Klöster und Güter.

6) Der Besitz, den ein Reichsstand, als Regent, oder
wie sich Henniges, und mit ihm der Verfasser des Bedenkens ausdrückt, jure status, über die in seinem Lande befindliche Mediatbesitzungen hat, ist nicht Realinhabung, nicht Realbesitz dieser Privatgüter; daher kann auch dieser Besitz, den ein Regent, als Regent über die Güter seiner Unterthanen hat, und den
man nur Regierungsbesitz (possessio rectoria) nennen
kann, nicht derjenige Besitz seyn, von welchem unsere Westphälische Friedensstelle redet. Denn die spricht ausdrücklich mehr als einmal von dem Realbesitz der Klöster und ihrer Güter, sie spricht nicht von dem Regierungsbesitz dieser Güter, oder von der landesherrlichen Gerechtsame darüber.

7) Henniges hat vollkommen Recht, daß bey den in den
Staaten befindlichen Mediat-Gütern, der Besitz, den
der Unterthan davon hat, und der Besitz, den der
Lan-

In diesem Rechtsverstand ist ist nach dem Sinn des Westphälischen Friedens ein katholischer Reichsstand, und zwar unter der Eigenschaft, als Reichsstand, in dem Besitz der in seinem Lande befindlichen Jesuiter-Collegiorum 8) und der zu diesen gehörigen Güter, wenn gleich diese in den Landen eines evangelischen Reichsstandes gelegen sind. 9) Wenn auch gleich die letztern der

i 4   Ho=

Landesherr davon hat, unterschieden werden müssen. Der Landesherr oder Regent ist Staatsbesitzer, Territorialbesitzer, und der Unterthan ist Realinhaber seines besondern Gutes. Der Besitz, den der Landesherr, als Regent, als Landesherr über das gesammte Staatsgebiete hat, ist nicht Realinhabung, oder Realbesitz der Güter, die den Unterthanen im Staate zugehören. Er besteht nur in dem Besitz der obersten Aufsicht, oder der Regentenrechte über alle diese Güter. Aber nun kommts erst in jedem Falle darauf an, von welchem Besitze mediater Güter die Rede ist und seyn kann.

8) Der katholische Reichsstand soll als Reichsstand, besser wäre es gewesen zu sagen, als Landesherr, in dem Besitz der in seinen Landen befindlichen Jesuiter-Collegiorum seyn, und zwar soll er das seyn nach dem Sinn des Westphälischen Friedens §. 16. art. V. Wo steht denn aber das geschrieben? Unsere Stelle spricht mit ausdrücklichen Worten nur von der Realinhabung der Mediat-Klöster. Dadurch ist offenbar der Besitz, den der Reichsstand in der Eigenschaft eines Landesherrn darüber hat, und der nicht reeler Besitz der Güter genennt werden kann, ausgeschlossen. Die Realinhabung einer Jesuiter-Fundation gehört dem Jesuiter-Collegio selbst, nicht dem Regenten.

9) Der katholische Reichsstand soll unter der Eigenschaft eines

Hoheit des evangelischen Landesherrn unterworfen bleiben;
so stehen sie dennoch in Rückssicht auf das Collegium,
dem

eines Landesherrn die zu dem Jesuiter=Collegio ge=
hörigen, aber in einem fremden evangelischen Lande lie=
gende Güter nach dem Sinne des Westphälischen
Friedens besitzen. Wo steht das? und wo sind die da=
ta, diesen Sinn im Westphälischen Frieden anzunehmen?
Der Westphälische Friede spricht vom Realbesitz der
Klöster und ihrer Pertinenzien; aber den hat kein
Reichsstand in der Qualität eines Regenten, und kann
ihn nicht haben. Ueber dies frage ich hier noch: Was soll
das heißen: Ein Mediatkloster und seine Güter lie=
gen in einem fremden evangelischen Gebiete? Soll
das heißen: Sie sind wirkliche Theile, Stücke, Zu=
behörungen des fremden evangelischen Staates? oder
soll es heißen: sie sind innerhalb der Grenzen des an=
dern evangelischen Staates eingeschlossen, aber kei=
ne Theile dieses Gebietes? Versteht man das erste,
so wäre es der offenbarste Unsinn, wenn man einem ka=
tholischen Reichsstande einen landesherrlichen Besitz
über solche Mediatklöster und ihre Güter, die unter der
Landeshoheit eines evangelischen Standes liegen, zu=
eignen wollte. Dies hat auch Henniges, der scharf=
sinnige Geschäftsmann, nach seinen viel zu hellen Be=
griffen nie gewollt; obschon ihn einige so mißverstanden
haben. Nimmt man aber den 2. Fall an, so ist zwar
unumstößlich gewiß, daß ein katholischer Reichsstand
landesherrlichen Besitz über die Mediatklöster und
ihre Güter, die in den Grenzen eines andern, besonders
eines evangelischen Staats Gebietes liegen, haben kann,
oder welches einerley ist, daß gewisse Güter, die inner=
halb der Grenzen eines evangelischen Landes befindlich,
und ganz von Theilen des evangelischen Landes umschlos=
sen sind, dennoch unter der Landeshoheit eines katholi=
schen

dem sie zugehören, unter den landesherrlichen Rechten, 10)
oder sind, nach der Redehsart des Instrumenti Pacis,

i 5   in

schen Reichsstandes stehen können.   Allein von diesen
landesherrlichen Gerechtsamen katholischer Fürsten ist in
unserer vorliegenden Friedensschluß-Stelle keine Frage.
Es ist nur die Rede von dem Realbesitze, den die Mönche und Nonnen von ihren Klöstern haben.

10) Was sind doch das für Ideen? Klostergüter in der
evangelischen Stände Landen bleiben zwar der Hoheit des evangelischen Landesherrn unterworfen; aber
doch stehen sie in Rücksicht auf das Kollegium, dem
sie zugehören, unter den landesherrlichen Rechten
des katholischen Reichsstandes, in dessen Lande
das Jesuiter-Kollegium befindlich ist. Entweder
haben die besagten Mediatgüter nur einen einzigen Landesherrn; oder sie haben mehrere zugleich.   Ist das
letzte, so müssen sie Theile eines Landes seyn, das zugleich mehrern Mitregenten zugehört, oder sie müssen zu zwey Ländern gehören.   Sind sie Theile eines
Landes, das nur einen einzigen Regenten hat, so stehen
sie auch nur unter einem einzigen Landesherrn. Sind
sie nur der Hoheit eines evangelischen Landesherrn unterworfen, so kann kein katholischer Reichsstand zugleich Lan-
desgerechtigkeit über solche Güter haben.   Stehen sie
aber unter der Hoheit eines katholischen Herrn, so können sie keinen evangelischen Reichsstand zu ihrem Landesherrn haben.   Dies sind unwidersprechliche Wahrheiten.
Die Hauptsache, zu welcher gewisse Güter als Pertinenzstücke gehören, kann immer unter der Landeshoheit eines
katholischen Fürsten stehen.   Deswegen aber sind die
Pertinenzstücke dieses Hauptgutes, welche Theile eines
fremden Gebietes sind, nicht auch unter seiner Landeshoheit.

in dem Beſitz des katholiſchen Reichsſtandes, 11) in
deſſen Lande das Jeſuiter-Collegium befindlich iſt: ſo
wie ein gleiches von den Mediat-Stiftungen, ſo evangeliſche Landesherren in ihrem Lande beſitzen, in Anſehung derer Pertinenzien, ſo in katholiſchen Territoriis
liegen, §. 25. verordnet wird. 12) So urtheilet Henniges: quod Catholicorum poſſeſſio extendatur
ad ea etiam bona, quae in ditionibus A. C. Statuum ſita ſunt.

Henniges l. c. p. 397.

§. 11.

Ohnerachtet nun 3) ein Orden zu ſeyn aufhöret, ſo
iſt zwar der Beſitz erlediget, den die mittelbare Ordens-
Ge-

11) Dies iſt nicht die Redensart des Friedensinſtrumen-
tes, daß die einem Jeſuiter-Collegio zugehörige, in
einem evangeliſchen Lande liegende Güter in dem Beſitz eines katholiſchen Reichsſtandes ſind, unter welchem das Jeſuiter-Collegium ſtehet. Unſere Stelle
ſpricht nur von Katholiken, die im Realbeſitz gewiſſer mittelbarer Klöſter und denſelben angehöriger
Güter ſind. Heißt denn aber das: katholiſche
Reichsſtände, welche das landesherrliche Recht über
gewiſſe Mediatſtiftungen haben? Ich habe ſchon bewieſen, daß dies ſchlechterdings nicht ſeyn kann.

12) Dies wird nicht §. 25. verordnet, daß evangeliſche
Reichsſtände, welche gewiſſe Mediatſtiftungen in ihren
Landen beſitzen, auch Landesherren über die Pertinenzien dieſer Stiftungen in katholiſchen Ländern wären.
Davon iſt keine Sylbe in der Stelle zu finden. Es iſt
nur die Rede vom Beſitz der Güter, aber deswegen
nicht vom Beſitz der landesherrlichen Hoheit über die Güter. Hiervon habe ich oben ſchon hinlänglich gehandelt.

Geſellſchaft gehabt. Dieſes trifft aber und ändert nicht
denjenigen Beſiß, den der katholiſche Landesherr an dem
mediato Sodalitio und allen deſſen überall belegenen Gütern gehabt, als denjenigen Beſiß, auf welchen in §. 26.
cit. allein Rückſicht genommen iſt. 13) Deshalb erlaubt die gedachte Verordnung der katholiſchen Obrigkeit,
darüber eine andere Verfügung zu treffen, und andere
Orden zu ſubſtituiren: wobey ſich die evangeliſchen
Stände nur vorbedungen, daß es keine vom Jeſuiter-
Orden, ſondern von andern vor den Religions-Streitig-
keiten angenommenen Orden ſeyn ſollten. Da dieſer Fall
jeßt die Jeſuiter-Collegia ſelbſt betrifft, ſo gehöret wohl
die Verfügung über deren erledigte Güter, ſo im Territorio eines evangeliſchen Reichsſtandes gelegen ſind,
zu den Gerechtſamen des katholiſchen Landesherrn, in deſſen Herrſchaft das ausgegangene Collegium befindlich iſt.

§. 12.

Noch mehr beſtätiget dieſes 4) die abſonderliche
Verordnung des Weſtphäliſchen Friedens
art. V. §. 47.
wo von dem Recht an den Gütern eines eingegangenen
Kloſters oder Stiftung gehandelt wird. Reditus etiam,
nec

---

13) Es iſt falſch, daß in dem 26. §. des 5. Artikels des W.
F. blos auf den Beſiß Rückſicht genommen worden, den
der katholiſche Landesherr an dem mediato Sodalitio, nämlich in gegenwärtigem Falle an dem Jeſuiter-
Collegio, und allen deſſen überall belegenen Gütern gehabt. Es iſt nur Rückſicht genommen worden auf den
Realbeſiß, den Katholiken an einer mittelbaren
Stiftung als Inhaber gehabt haben, was alſo folgt,
iſt höchſt unrichtig.

nec non decimae, canones et penſiones, A. C.
Statibus, fundationibus jam deſtructis et colla-
pſis, ex alienis territoriis debitae, iis exſoluantur,
qui a. 1624. die 1. Ian. in poſſeſſione perceptionis
vel quaſi fuerunt. Quae vero ab a. 1624. deſtruc-
tae fuerunt, aut in futurum concident, earum
penſiones etiam in alienis territoriis domino de-
ſtructi monaſterii ſeu loci, in quo id ſitum fuit,
exſoluantur. Dieſe Verordnung beſtimmet ihrem wört-
lichen Inhalt nach den Fall, daß, wenn Stiftungen,
ſo unter einem evangeliſchen Landesherrn ſtehen, eingehen ſollten, die Renten und Gefälle, in deren Hebung
ſie den 1. Jan. 1624. in auswärtigen Territoriis geſtanden, dem Herrn des Orts, wo das eingegangene
Kloſter gelegen, fernerhin ausgezahlt werden ſollen. 14)
Zwar

14) Der wörtliche Inhalt dieſer Verordnung §. 47. art. V.
I. P. heißt ſo: Wenn Stiftungen, ſo unter einem evangeliſchen Landesherrn ſtehen, ſeit dem Anfange des Jahres 1624. deſtruirt worden, oder inskünftige verfallen
ſollten, ſo ſollen ihre Renten und Gefälle, in deren Hebung nemlich ſie den 1. Jenner 1624. in auswärtigen Territorien geſtanden, dem Herrn des Orts, wo das de-
ſtruirte Kloſter gelegen, fernerhin ausgezahlt werden.

Hier iſt nun in dieſen Worten nicht beſtimmt, ob unter der Deſtruktion und dem Verfall einer Stiftung nur
der eigentliche phyſiſche Untergang, oder auch eine
politiſche Aufhebung zu verſtehen ſey. Dies war die
Hauptfrage, von welcher der Ausſteller des Bedenkens
kein Wort ſagt. Danebſt iſt auch nicht beſtimmt, ob
nur Stiftungen gemeinet werden, die von evangeliſchen
Ständen ſchon eingezogen waren, oder ob auch Katho-
liſchgebliebene Stiftungen in der evangeliſchen Stände
La-

Zwar ist 5) in dieser Stelle keine Erwähnung der
katholischen Klöster oder Stiftungen, und deren Güter und
Einkünfte geschehen, so sie aus evangelischen Landen zu
erheben haben. Es stehet jedoch diese Stelle des §. 47.
in genauer Verbindung mit dem §. 45. et 46. und diese drey Paragraphi enthalten einen eigenen Absatz, welcher nach dem §. 45. von den reditibus cujusque generis ad bona ecclesiastica eorumque possessores
pertinentibus handelt, die sowohl den Klöstern und
Stiftungen unter den Ständen der Augsburgischen
Konfession, als unter den Ständen der alten Religion
nach Inhalt des Religionsfriedens vom Jahr 1555. §.
16. et 21. zugehöret. Was zu dessen Erklärung im §.
46. von Renten und Gefällen evangelischer Stiftungen,
so aus katholischen Landen erhoben worden, geordnet ist,
wird daselbst ausdrücklich auf katholische Reichsstände angewendet. Die billige Auslegung bringt es daher mit
sich, daß der Inhalt des §. 47. worin der katholischen
Klöster und Stiftungen nicht gedacht wird, aus der sonst
nach dem

art. V. §. 1. I. P.

zum Grunde liegenden vollkommenen und wechselseitigen
Gleichheit der Gerechtsamen der Stände beyder Religionen
. auf

Ländern verstanden werden. Dies ist auch eine Sache,
die erst noch ausgemacht werden muß. Also kann aus
dieser Stelle nicht eher auf den Fall, da die Klöster politisch aufgehoben werden, ein Schluß fließen, als bis
erst ausgemacht worden ist, daß die Destruktion und der
Verfall der Klöster, davon das Gesetz redet, auch auf
die Aufhebung der Klöster gehen solle.

auf gleiche Weise von diesen zu verstehen sey. 15) So urtheilet über diese Stelle Henniges, und schreibet: Fit hic saltem Protestantium Statuum mentio. Quid igitur juris, si reditus illis debeantur ex territo-

15) Die vollkommene und wechselseitige Gleichheit der Stände beyder Religionen ist ein unumstößliches allgemeines Prinzipium unsers teutschen Staatsrechts, und findet in jedem vorkommenden Falle seine gewisse Anwendung, darinnen die Form des teutschen Reichs, oder die Konstitutionen und Gesetze desselbigen keine Ungleichheit unter den Ständen der katholischen, und denen der evangelischen Kirche erfordern. In allen andern Fällen, und wo nicht ausdrücklich in den Gesetzen eine Ungleichheit festgesetzet wird, muß die Rechts-Parität statt finden. Wenn also ein evangelischer Reichsstand das Recht hat, in einem bestimmten Falle der Destruktion oder des Verfalles einer in seinem Lande liegenden geistlichen Stiftung die Renten und Gefälle, welche diese Stiftung in katholischen Ländern hatte, für sich als Landesherrn zu beziehen; so muß der katholische Reichsstand in dem vollkommen gleichen Falle das nämliche Recht haben, die Renten und Gefälle seiner katholischen Landesstiftung, die sie in evangelischen Landen zu genießen hatte, sich zuzueignen; wenn nicht die katholische Kirchenverfassung im Wege stehet, und etwas anders fordert, oder wenn nicht die Reichsgesetze eine Ungleichheit bestimmt nothwendig machen. In unserer vorliegenden Friedensstelle heißt es ausdrücklich: Wenn seit dem Anfange des 1624. Jahres evangelische Stiftungen destruiret worden, oder künftig noch vorfallen werden, so sollen die Renten derselbigen auch, welche sie in katholischen Landen zu beziehen hatten, dem evangelischen Landesherrn zugeeignet werden. Aber erstlich steht nicht da, daß, wenn

ein

ritoriis A. C. statuum, fundationibus Catholicorum similiter jam destructis et collapsis? Apud
me nullum est dubium, quin idem sit judicandum
ex paritate religionis.   Neque omissio Catholicorum

ein evangelischer Reichsstand seit dem Anfange des 1624.
Jahres eine katholische Stiftung in seinen Landen aufgehoben hat, oder noch aufheben wird, die Renten
dieser Stiftung aus fremden Landen dem evangelischen
Landesherrn gebühren sollen; von der Aufhebung der
Stiftung ist nicht die Rede.   Daher kann auch aus der
Rechtsgleichheit nicht geschlossen werden, daß einem katholischen Landesherrn, der seine Landstiftungen aufhebt, die Renten, welche solchen Stiftungen in evangelischen Landen zugehörten, ausgezahlet werden sollen.
Zweytens aber würde auch in dem Falle, da eine Stiftung in einem evangelischen Staate aufgehoben wird,
und nach der Disposition des Westphälischen Friedens die
Renten dieser Stiftung, einheimische und ausländische,
dem Landesherrn geliefert werden sollen, deswegen
keine gleichmäßige Anwendung auf die katholische Landesherren gemacht werden können, weil die katholische Kirchenverfassung solche nicht zuläßt. Im Westphälischen Frieden sollte nicht die katholische Kirchenverfassung abgeändert werden; die sollte bleiben, und mehr
befestiget werden.   Am allerwenigsten kann unsere Stelle
im §. 47. des 5. Artikels, wenn sie auch von Aufhebung der Stiftungen redete, welches doch nicht ist,
auf die katholische Reichsstände gezogen werden, da die
evangelischen Stände diese Verordnung gegen die Katholiken veranlaßt haben, aber weder verlangten, noch verlangen konnten, daß auf den Fall einer Klosteraufhebung
in katholischen Ländern die Renten der Klöster der katholischen Kirche entzogen, und dem Landesfürsten,
als Landesfürsten, zugeeignet werden sollten. Es
kann

rum hic fraudi eſſe poteſt, ex quo in genere ſe-
mel placuit, vt in omnibus, de quibus Pax Weſt-
phalica aliter non decreuit, inter vtriusque religionis Proceres exacta et mutua aequalitas ſer-
vetur, ita quod vni parti juſtum, alteri etiam ſit
juſtum.

Henniges ad I. P. art. V. §. 47. p. 696. 697.

Was daher in dem Fall, da ein auswärtiges katholiſches
Kloſter, oder ähnliche Stiftung verfällt und eingeht, bey
deſſen in der Herrſchaft eines evangeliſchen Reichsſtandes
belegenen Gütern und Renten Rechtens iſt, das findet
eine gleichmäßige Anwendung auf Güter eines eingegangenen Jeſuiter-Collegii in der Maſſen, daß dieſe Güter und Einkünfte der Verfügung des Reichsſtandes, in
deſſen Lande das Jeſuiter-Collegium befindlich iſt, zu
überlaſſen ſind: per dominum loci enim, in quo
deſtructum monaſterium ſitum eſt, intelligitur
dominus territorii.

Henniges l. c. p. 699.
Deckherrus in Conſult. for. P. I. lib. l. c. 16.

§. 14.

So viel die für die gegenſeitige Meynung anfangs
angeführte Gründe betrifft, ſo kommt ad 1) in Betracht, daß zwar durch die Aufhebung des Jeſuiter-Or-
bens

kann alſo hier der ſonſt wahre Grund der Rechtsgleichheit keine Anwendung finden. Nach ſolcher dürfen ſich
die Evangeliſchen eben ſo wenig anmaßen, in Abſicht auf
die katholiſche Kirchenverfaſſung etwas zu beſtimmen,
als die katholiſchen in Abſicht auf die evangeliſche Kirchenverfaſſung thun können.

dens ein im Territorio eines katholischen Landesherrn, befindliches Jesuiter = Kollegium das Daseyn verliehret, und der Privatbesitz, den das Kollegium an allen irgendwo gelegenen Gütern gehabt, daran erlediget wird; daß hergegen dadurch der Reichsgesetzmäßige Besitz, welchen der katholische Reichsstand daran und an dessen Gütern gehabt, dadurch nicht verändert wird, und daher demselben die landesherrliche Rechte, über das eingegangene Kollegium und über dessen auswärtige Güter zu verfügen, unverändert verbleiben. 16) Diese Güter sind also nur bona secundum quid vacantia, respectu domini territorii Catholici, in dessen possessione sie nach dem Entscheidungs = Jahr gestanden. 17)

§. 15.

Aus der Verfassung des Jesuiter = Ordens, ergiebet sich ad 2) nur so viel, daß die Verfügung über die eingegangene Jesuiter = Kollegia und deren Güter weder

16) Es ist falsch, daß der katholische Landesherr einen Reichsgesetzmäßigen Realbesitz an den aufgehobenen Jesuiter = Klöstern in seinen Landen gehabt habe, und noch unrichtiger, daß er landesherrliche Rechte über die auswärtigen Güter eines solchen Jesuiter = Klosters gehabt habe.

17) Diese Possession ist in Absicht auf den katholischen Landesherrn des aufgehobenen Jesuiter = Klosters eine Erdichtung. In dem Westphälischen Frieden steht kein Wort von dieser Possession, wie ich ausführlich gezeigt habe. Aus einem besondern Grunde kann wohl ein solcher Besitz statt finden; aber es ist alsdann auch nur ein besonders bestimmter Fall zum Grunde zu legen.

K

weder znr geiſtlichen Gerichtsbarkeit, noch zum jure
dioccesano gehöret. Die dem Orden beygelegte Frey-
heiten und Exemtiones betreffen hergegen nicht die
landesherrliche Rechte. Nur auf dieſe wird in dem
Weſtphäliſchen Frieden Rückſicht genommen, wenn
von dem Beſitz die Rede iſt, worin katholiſche Reichsſtände in Anſehung derer in ihren Landen befindlichen
Mediat-Stifter und Klöſter, und deren Güter aus
dem Entſcheidungs-Jahr geſtanden. 18)

§. 16.

Die ad 3) 4) et 5) angeführte Gründe beruhen
auf landesherrlichen Rechten, welche in dem Fall die
volle Anwendung gewinnen, wenn in Anſehung der
Güter das geſetzliche Entſcheidungs-Jahr keine Richt-
ſchnur geben kann. Im vorliegenden Fall wird zum
voraus geſetzet, daß von ſolchen Jeſuiter-Kollegiis,
welche katholiſche Reichs-Stände in dem Entſcheidungs-Jahr beſeſſen, und von ſolchen Gütern die
Frage erwächſet, die nach dem Entſcheidungs-Jahr
als Pertinenzien der Jeſuiter-Collegiorum anzuſehen.
Der Reichsgeſetzliche Beſitz, den katholiſche Reichsſtände in ihren Herrſchaften an den darinn befindlichen
Jeſuiter-Collegiis und deren überall belegenen Zubehörungen gehabt, enthält den rechtlichen Grund, daß
die landesherrliche Rechte eines evangeliſchen Reichs-
ſtands, die ſich auf das jus territorii in Anſehung
                                                    derer

18) Es iſt aber in dem Weſtphäliſchen Frieden §. 26. nicht
die Rede von dem landesherrlichen Recht, oder Beſitze, den katholiſche Landesherren über ihre Landklöſter
haben.

Anwendung leidet, und daher ein evangelischer Landesherr durch den Weſtphäliſchen Frieden nicht behindert
wird, daß landesherrliche Recht über die ausgegangene
in ſeinen Herrſchaften befindliche Jeſuiter-Kollegia auszuüben. Dieſes iſt aber der Fall nicht, worauf die
gegenwärtige Frage gehet, welcher blos die im evangeliſchen Territorio befindliche Beſitzungen und Renten eines auswärtigen Jeſuiter-Collegii betrifft. Ohnerachtet nun bey den Mediat-Klöſtern und Stiftungen, ſo katholiſche Reichs-Stände in ihren Landen
beſeſſen, keine ausbrückliche Meldung der Güter geſchehen, ſo in evangeliſchen Landen gelegen ſind; ferner auch die Worte, utut in A. C. Statuum territoriis et ditionibus ea ſita ſint, auf die monaſteria
et ſodalitia ſelbſt, nicht aber auf deren Güter gehen:
ſo begreift dennoch der Reichsgeſetzliche Beſitz an ſolchen Mediat-Stiftungen, oder das über eine ſolche
Stiftung habende landesherrliche Recht zugleich einen
gleichmäßigen Beſitz und Recht an den dazu gehörigen
Pertinenzien, nach gleichem Recht und auf gleiche Weiſe,
ſo wie im §. 25. zu dem Reichsgeſetzlichen Beſitz, welchen evangeliſche Stände an dergleichen Mediat-Stif-
tern haben, eorum reditus juraque quocunque
nomine appellata fuerint — non attenta excep-
tione, quod non de vel in territorio A. C. Statuum eſſe dicantur, ausdrücklich gerechnet werden. 20) Ueberhaupt ergiebt die Einſicht der beyden
Hauptſtellen des Inſtr. Pac.

art.

20) Ich habe auf dieſes Räſonnement ſchon geantwortet.
Im 25. §. iſt nicht die Rede von landesherrlichen Rechten, und einem landesherrlichen Beſitze der evangeliſchen

art. V. §. 26. & 47.

daß die Rechte der katholischen Reichsstände über die
Mediat=Klöster und Stifter, und deren Güter nicht
so vollkommen und deutlich, wie es bey den
Rechten der evangelischen Reichs=Stände über derglei=
chen Stifter und deren Güter geschehen, bestimmet
worden, wie solches auch schon

Henniges l. c. p. 697.

bemerket: daß folglich die vorliegende Frage, beson=
ders bey der in den Jesuiter=Collegiis eigenen und
von aller geistlichen Gerichtsbarkeit der Ordinariorum
befreyeten Eigenschaft, zwar nicht nach einer ausdrück=
lichen Verordnung des Instr. Pacis, jedoch nach einer
billigmäßigen, und auf die vollkommen gleichmäßige
Rechte der Reichs=Stände beyder Religion sich grün=
denden Auslegung 21) in der maßen zu erledigen sey:

Daß, so ferne diese Frage blos von Jesuiter=
Collegiis, so nach dem Entscheidungs=Jahr
unter katholischer Landesherrschaft gestanden, und
von Gütern, so jene im gedachten Jahr in Herr=
schaften eines evangelischen Reichsstandes beses=
sen, zu verstehen ist,

evangelische Landesherrschaften für berechtiget nicht zu
halten, dergleichen in ihren territoriis befindliche Be=

K 3   sitzun=

lischen Stände an den Mediatstiftungen, und so ist auch
im 26. §. nicht die Rede von **landesherrlichen Rech=
ten und einem landesherrlichen Besitze** katholi=
scher Reichsstände an mittelbaren Klöstern und Stiftungen.

21) Wie ungegründet eine solche Auslegung sey, habe ich
vorher hinlänglich gezeigt.

fitzungen, Renten, Kapitalien, und Güter auswär=
tiger Jesuiter=Collegiorum, bey der erfolgten gänz=
lichen Aufhebung des Jesuiter=Ordens, als bona vacantia einzuziehen, und zu andern Bestimmungen an=
zuwenden, sondern solche Verfügung dem auswärti=
gen katholischen Reichsstand, in dessen Landen das
Jesuiter=Kollegium gelegen ist, auch über vorgedachte
Besitzungen, Renten und Güter zustehen. 22)

Göttingen den 12. Nov.
1773.

III.
Prüfung der rechtlichen Gedanken über die Ein=
ziehung der katholischen Mediat=Klöster.

Es sind bey Gelegenheit der aufgehobenen drey Main=
zischen Klöster rechtliche Gedanken über die
Einziehung der katholischen Mediatklöster abge=
fasset worden, welche der Herr Geheimerath Koch in
seinem ersten Postskripte zum neuen Aufschluß rc. be=
reits bekannt gemacht, und in seinen beygefügten An=
mer

22) Dieser Hauptschluß ist unerwiesen.

Ich habe also, wie ich glaube, mit vollständiger Deut=
lichkeit und Gewißheit dargestellt, daß das Göttingi=
sche Rechtliche Bedenken rc. von unausgemachten
Hypothesen, und irrigen Voraussetzungen voll sey, und
den Verhandlungen und dem Inhalte des Westphälischen
Friedens selbst, zuwiderlaufende Ideen und Sätze in sich
begreife.

merkungen beurtheilet hat.   Ich glaube zwar nicht, daß der Herr Geheime Justizrath **Böhmer** Verfaßer von diesen Gedanken ist, weil ausdrücklich darinnen steht, daß die Güter des Jesuiter-Ordens bey Erlöschung desselbigen **herrenlos** geworden wären, wovon doch das Gegentheil ausdrücklich in dem vorherigen Göttingischen rechtlichen Bedenken behauptet worden ist.   Allein es mag der Verfasser seyn, wer er wolle, so müssen doch seine Gründe genau zergliedert und widerleget werden.   Ich will also, um alles im ganzen Zusammenhange darzulegen, diese Gedanken hier nochmals abbrucken lassen, und sie allenthalben mit meinen Anmerkungen begleiten.

Rechtliche Gedanken über die Einziehung der katholischen Mediat-Klöster.

Die von Churmainz verfügte **Aufhebung** der 3 Klöster quaest. war zwar von der Wirkung, daß sothane Klöster ihr Daseyn verlohren, und deren Güter in deren **Privateigenthum** zu stehen aufhörten. 1)

Dadurch erhielten sie aber nicht die Eigenschaft derer bonorum vacantium; 2) denn

f 4   1) Die-

1) Der Zweck war dies wenigstens bey der Aufhebung, und die physische Wirkung. Ob es aber moralisch so seyn konnte, oder durfte, das ist eine andere Frage, von welcher im Folgenden das nöthige vorkommen wird.

2) Dem **Privateigenthum** wird nur allein das Staatseigenthum entgegen gesetzt. So lange eine Sache noch einen wahren Eigenthümer hat, ist sie noch kein herrenloses Gut (bonum vacans); der wahre Eigenthümer mag nun der Staat selbst, oder eine vom Staate unterschie-

1) diese Klöster stunden unter den geistlichen Regierungsrechten, oder dem Erzbischöflichen jure dioecesano, und alles Privatrecht und Eigenthum, so ihnen an den Gütern, wo die gelegen, zugehörte, war der höhern Diözesanverfügung unterworfen. 3)

c. 1.

terschiedene Person seyn. Wenn sie nur in einem Eigenthum steht, so ist sie nicht herrnlos. Hat aber eine Sache einen Privateigenthümer, so ist nicht der Staat ihr Eigenthümer. Und wenn nun alles Privateigenthum aufhört, und der Staat, als solcher, nicht an die Stelle des Privateigenthümers mit Recht tritt, so ist sie sogleich eine herrnlose Sache. Ein bonum vacans ist nicht das, worüber ganz und gar kein Recht, z. E. kein Versorgungs- kein Aufsichtsrecht statt findet. Dieser Begriff würde der verwerflichste seyn, und nach solchem gar kein bonum vacans in einem Staate jemals statt finden können. Denn über alle Güter ohne Unterschied, auch über die herrnlosen Güter, erstreckt sich die oberste Staatsgewalt, und das höchste Aufsichtsrecht des Regenten, nicht als Eigenthumsrecht, sondern als Regierungsrecht, als landesherrliches Recht. Wenn also durch die Aufhebung der 3 Mainzischen Klöster ihre Güter von allem Privateigenthum befreyet worden, und nicht sogleich mit Recht ins Staatseigenthum übergegangen, so mußten sie nothwendig herrnlose Güter werden.

3) Ich räume es gern ein, daß die drey Mainzischen Klöster unter dem Diöcesanrechte des Herrn Churfürsten und Erzbischofs von Mainz stunden. Es ist auch wahr, daß das Privatrecht und Eigenthum, welches diese Klöster über ihre in- und ausländische Güter hatten, den Diöcesanverfügungen unterworfen war. Allein diese

Unter-

c. 1. C. 10. qu. 1.

c. 16. & c. 18. X. de offic. judic. ordin.

c. 7. in fin. de privilegiis in 6.

Boehmer in jur. ecclef. Lib. III. tit. 5. §. 29. 30.

2). Churmainz verfügte die Suppreſſion dieſer 3 Klöſter vermöge der Erzbiſchöflichen Rechte, vollſtreckte ſolche, eignete aber deren Güter in continenti der hohen Schule zu Mainz zu deren Verbeſſerung zu: 4) dieſe Güter fiengen eodem tempore kraft

f 5 der

Unterwürfigkeit in Bezug auf das Diöceſanrecht hob die Unterwürfigkeit in Bezug auf die landesherrliche Gerechtſame nicht auf, und blieb weſentlich von der letzten unterſchieden; das Diöceſanrecht geht nur auf die Güter, in wie ferne ſie zu der Verwendung der Kirche, oder einer geiſtlichen Perſon beſtimmt ſind, nicht aber über die Grenze dieſer Beſtimmung. Es giebt nur die Aufſicht, damit die Güter, ſo lange ſie dem geiſtlichen Verhältniß gewidmet, oder in den Händen der geiſtlichen Perſonen ſind, ihrer Beſtimmung nicht entzogen werden, und damit nichts mit ihnen vorgenommen werde, welches ihrer geiſtlichen Beſtimmung zuwider iſt. Aber in jeder andern Beziehung bleibt die Wirkſamkeit des Diöceſanrechts ausgeſchloſſen.

4) Das biſchöfliche Diöceſanrecht des Churfürſten von Mainz erſtreckte ſich auf die Güter der Klöſter nur in ſo fern, in wie fern ſie den 3 Klöſtern zugehörten, not. 3. In dem Augenblicke aber, da die Klöſter aufgehoben wurden, hörten ſie auf, geiſtliche Körper, oder geiſtliche Perſonen zu ſeyn, und die Güter waren nun nicht mehr geiſtliche Güter; denn ſie waren, und ſind nicht eher für geiſtliche Güter anzuſehen, als bis ſie in die Hände einer geiſtlichen Perſon kamen, und ſind nicht länger für geiſtliche

derjenigen geistlichen Regierungsverfügung, durch welche sie Klostergüter zu seyn aufhörten, an, Universitätsgüter zu seyn. 5) An der rechtlichen Befugniß dieser Suppression, da sie mit Beystimmung des päbstlichen

liche Güter zu achten, als so lange sie einer geistlichen Person zustehen. Daher konnte auch der Herr Churfürst von Mainz nun nicht mehr vermöge seines Diöcesanrechts über diese Güter disponiren, so bald sie nicht mehr in dem Eigenthum einer geistlichen Person waren. Die Güter traten in solchem Augenblicke, da die Klöster aufgehoben wurden, aus dem Verhältniß, darinnen sie als Klöster den Diöcesanrechten unterworfen waren. Vermöge des Diöcesanrechts konnte also der Herr Churfürst von Mainz auf diesen Fall hin über die ausländischen Klostergüter nicht disponiren. Wenn er sie dahero einer andern geistlichen Fundation nach seinem Gutdünken zueignete, so gieng er weiter, als sein Diöcesanrecht ihm gestattete; und ist es denn so ausgemacht wahr, daß Churmainz vermöge seines bischöflichen Rechts die 3 Klöster aus politischen Absichten aufheben konnte? Die bischöfliche Gerechtsame schliessen nur die Rechte in sich ein, die geistlichen Fundationen, so lange sie solche sind, bey ihren Rechten zu erhalten, und sie immer mehr zu vervollkommnen; aber aufzuheben, auszurotten, zu vertilgen, das Recht — ist das auch ein erzbischöfliches Recht, wenn man anders die wahre Bestimmung des bischöflichen Amtes bey dieser Frage vorsetzt?

5) Dies konnte nicht seyn. Denn in dem Augenblicke, da die Güter aufhörten, Klostergüter zu seyn, trat das landesherrliche Recht über diese Güter ein, so weit es eintreten konnte.

lichen Hofs, und unter kaiserlicher Majeſtät Beſtätigung geſchehen, wird wohl nicht zu zweifeln ſeyn. 6)

3) Die Suppreſſion der Klöſter hatte in Rückſicht deren, auſſer dem Erzſtift Mainz gelegenen Güter gleiche Wirkung, weil auch dieſe Güter, ſo lange die Klöſter in ihrer bisherigen Verfaſſung blieben, intuitu **gedachter Klöſter**, als ihrer Privateigenthümer, unter dem Mainziſchen Diöceſanrechte ſtanden: 7)

Und

---

6) Ueber dieſen Punkt habe ich in meiner Schrift von der Gerechtigkeit in Abſicht auf die Klöſter und in dem erſten Theile dieſes neuen Buches, alles freymüthig und redlich geſagt, was nöthig war.

7) Freylich ſtanden die auſſer dem Erzſtift Mainz gelegenen Güter der drey aufgehobenen Klöſter *intuitu* **gedachter Klöſter**, als ihrer Privateigenthümer, unter dem Mainziſchen Diöceſanrechte. Aber das heißt in der That nichts anders, als: So lange die Klöſter waren, und ihre Güter innerhalb und auſſerhalb des Erzſtiftes verwalteten, waren ſie ſchuldig, dem Erzbiſchoffe von Mainz, als ihrem Diöceſan und Ordinario Red und Antwort zu geben, und in Abſicht auf dieſe in- und ausländiſche Güter, unter ſonſt von dem Erzbiſchoffe zu Mainz mit Recht zu erwartenden Strafen alles zu vermeiden, was der katholiſchen Kirchenverfaſſung, oder der Kloſtereinrichtung hätte nachtheilig werden können. Das Mainziſche Diöceſanrecht über die ausländiſchen Kloſtergüter gieng alſo nur ſo lange auf dieſe Güter, als ſie Güter der unter Churmainz ſtehenden Klöſter waren. In dem Augenblicke, als dieſe Klöſter ihre Exiſtenz verlohren, und die ausländiſchen Güter dieſer Klöſter ohne Privateigenthümer waren, hörte das Diöceſanrecht des Erzbiſchofs zu Mainz in Anſehung derſelbigen auf.

Und diese Gerechtsame der geistlichen Reichsstände über die in ihren Landen gelegene Klöster, in
Ansehung deren auswärts belegenen Güter, durch die
Reichsgesetze und den Westphälischen Frieden nicht eingeschränkt, und so wenig das Recht der Suppression,
als das damit verknüpfte Recht der Verwendung der
eingezogenen Güter zu andern Stiftungen, ihnen entzogen worden. 8)

4) Stehet die im Westphälischen Frieden gegen
evangelische Reichsstände suspendirte Jurisdictio dioe-
cesana nicht im Wege: denn letztere wurde durch die
Suppression der Klöster und deren Güter nicht gegen
jene Reichsstände, sondern gegen die Klöster, und in
Rücksicht auf das ihnen an gedachten Gütern zustehende Privateigenthum, (so beyde una cum pertinentiis extra — etiam in A. C. statuum territoriis — sitis dem juri dioecesano unterworfen waren) ausgeübt, 9) und war die mit der Suppression
der

8) Das Recht, eine politische Suppression der Klöster vorzunehmen, hatten die Diöcesanen niemals, und daher
brauchte es ihnen der Westphälische Friede nicht zu entziehen. Wenn sie es aber auch hatten, so hatten sie
doch nie das Recht, die in fremden Landen liegende Güter vermöge ihres Diöcesanrechts nach ihrem Gefallen zu
andern Stiftungen zu verwenden. Und dieses Recht ist
ihnen in keinem einzigen Reichsgesetze jemals gegeben
worden.

9) Wie? nicht gegen die evangelischen Reichsstände ausgeübt? Ist denn das nicht Anmaßung des Diöcesanrechts
gegen die evangelische Reichsstände, wenn der Bischof
vermöge seines Diöcesanrechts positive Dispositionen über
die

der Klöster verknüpfte Verwendung der Güter derselben an eine andere Stiftung, blos als ein actus pos-
sessorius der über solche Güter gehabten Diöcesanrechte
zu betrachten. 10)

5) Ist von denen Gütern des Jesuiter=Ordens
auf den gegenwärtigen Fall nicht zu argumentiren:
denn jene waren von aller geistlichen Gerichtsbarkeit eines jeden Ordinarii völlig befreyet, und wie der Orden erloschen, wurden sie herrnlos: 11) dahergegen
bliebe

die Güter, die Theile evangelischer Lande sind, vor-
nimmt? wenn er die Klöster, oder die wahren Eigenthümer solcher Güter zwingt, die Güter fahren zu laß-
sen, um solche sich zu seinen politischen Absichten zuzueignen? Wenn das nicht heißt, das Diöcesanrecht wider
die evangelischen Stände ausüben, so muß es in der That
keine solche Ausübung geben können.

10) Wer denkt, und gerecht denkt, der kann die Verwendung der ausländischen Klostergüter zu andern Absichten
unmöglich als einen rechtmäßigen Aktum possessorium der
Diöcesanrechte betrachten. Diese Rechte finden nur statt,
so lange die Klöster kirchliche Gesellschaften sind, und sie
als solche ihre Güter besitzen und verwalten. In dem
Augenblicke aber, da sie aufhören, kirchliche Gesellschaften zu seyn, und ihr Eigenthum über ihre Güter verliehren, in diesem Augenblicke endigen sich die Diöcesanrechte über solche Güter.

11) Das Göttingische Rechtliche Bedenken, das ich vorher
geprüft habe, behauptet das Gegentheil. Die Dillen-
burgische Regierung behauptet in ihrer Druckschrift über
die Aufhebung der Jesuiter=Fundation zu Hadamar das
Gegentheil. So sehr weichen die Schriftsteller in dieser
Materie von einander ab.

bliebe das Diöcesanrecht, unter welchem jene drey Klöster gestanden, unverändert, und wurde selbst durch die zum Zweck einer andern Verwendung verfügte Suppression der Klöster ausgeübt. 12)

II. Wenn man auch die Güter dieser 3 aufgehobenen Klöster für erlediget ansehen wollte, so ist dennoch das jus occupandi bona vacantia durch den Westphälischen Frieden in so weit eingeschränkt, daß diejenige Güter und Gefälle, welche die Klöster am 1. Jenner 1624. in auswärtigen Landen besessen, von dem Landesherrn, in dessen Lande solche Güter gelegen, nicht eingezogen werden können, sondern solche auch nach erfolgtem Untergang eines Klosters dem Reichsstand, unter welchem das Kloster gelegen, auch fernerhin verbleiben sollen; 13)

I. P. W. art. V. §. 47.

und ob wohl diese Stelle nur von den in evangelischen Reichslanden gelegenen Klöstern und Stiftungen handelt, so treten dennoch erhebliche Gründe ein, nach welchen solche Verordnung auch in dem nicht ausgedruckten Falle, da ein in katholischen Landen befindliches

12) Alles ist hier Irrthum, wie ich bereits erwiesen habe. Das Diöcesanrecht des Herrn Churfürsten von Mainz blieb nicht unverändert, da die drey Klöster aufgehoben wurden; es wurde auch nicht durch die Suppression der Klöster und die Verwendung zu einer andern Stiftung ausgeübt.

13) Ich habe schon hinlänglich gezeigt, daß diese Stelle des Westphälischen Friedens ganz und gar von keiner Aufhebung der Klöster reden kann.

des Kloster ausgehet, dessen Güter in evangelischen Herrschaften gelegen, für anwendbar zu achten, indem

1) Die Verordnung des §. 47. mit dem §. 45. und 46. in genauer Verbindung stehet, und diese 3 Absätze einen eigenen Abschnitt, nemlich die XV. Section des Art. V. ausmachen, welche nach Maßgabe des §. 45. von reditibus cujuscunque generis ad bona ecclesiastica eorumque possessores pertinentibus handelt, die sowohl den Klöstern und Stiftungen, unter den Ständen der Augspurgischen Konfeßion, als unter den der alten Religion, nach Inhalt des Religions-Friedens de 1555. §. 16. und 21. zugehört: daher auch

2) dasjenige, so in §. 46. von Renten und Gefällen evangelischer Stiftungen, so aus katholischen Landen erhoben werden, geordnet ist, daselbst, vermöge eines eintretenden gleichen Rechts, auf katholische Stände ausdrücklich angewendet worden, 14) und deßhalben

3) die gegründete Auslegung mit sich bringet, daß auch die Verordnung des §. 47. obgleich darinnen der in katholischen Landen befindlichen Klöster keine Miel-

14) Der 46. §. redet von dem Falle, wenn evangelische Stände am ersten Jenner 1624. Renten aus katholischen Landen zu beziehen gehabt, solches auch fernerhin so bleiben solle, wie auch, wenn sie über katholische Güter gewisse Gerechtsame in gedachtem Jahr und Tage gehabt haben, so sollen sie es fernerhin behalten, so wie auch die Katholiken auf den Gütern der evangelischen Stände solche Rechte haben sollen.

Melbung geſchehen, dennoch Kraft der ſonſt nach dem Art. 5. §. 1. zum Grunde gelegten vollkommenen wechſſelſeitigen Gleichheit der Gerechtſamen der Stände beederſeits Religion auf gleiche Weiſe von dieſen zu verſtehen. 15)

Henniges ad I. P. Art. V. §. 47. pag. 696. 697.

Eben dahin zwecket auch

III. Die Verordnung des I. P. W. Art. V. §. 26. ab, als deren vollſtändiger Inhalt

1) nach Maßgabe des damit in Verbindung ſtehenden §. 25., ſowohl auf die im Lande eines katholiſchen Reichsſtandes vorhandene Klöſter, als auf deren Pertinenzien und Güter, ſo ſie den 1. Jenner 1624. beſeſſen, wo dieſe auch gelegen ſeyn mögen, gerichtet, und dabey verſehen iſt, ut omnia monaſteria — ditionibus (videlicet cum ſuis pertinentiis, reditibus et acceſſionibus ubicunque ſitis, juxta §. 25.) ea ſita ſint, Art. V. §. 26.

und dann das Weſentliche dieſer Verordnung

2) dahin gehet, daß der Beſitz, welchen katholiſche Reichsſtände an den in ihren Landen befindlichen Mediatſtiftungen und anderen auſſer ihrem Lande belegenen Gütern gehabt, ungekränkt verbleiben ſolle, wenn auch ein Orden der Religioſen untergehen, und an deren Stelle andere Ordensleute ſubſtituirt; auch

3) uns

---

15) Dieſes Räſonnement vermag nichts. Denn es iſt ſchlechterdings unmöglich, daß der 47. §. von den katholiſchen Ständen nach der katholiſchen Kirchenverfaſſung verſtanden werden könne. Ich habe es im Vorhergehenden gründlich bewieſen.

3) unter dem Ausdruck des Besitzes der Mediat-Klöster nur die Art des Besitzes, welchen ein Reichs-stand jure status, tam ratione jurisdictionis ecclesiasticae, quam ratione potestatis secularis an solchen Mediat-Stiftungen haben mag, und welcher von demjenigen Besitz, den ein Kloster, als ein privat-geistliches corpus, daran hat, wesentlich unterschieden, im Rechtsverstande angenommen werden kann;

Henniges ad Art. V. §. 25. p. 333.

in solchem Rechtsverstande aber

4) ein zeitiger Erzbischoff und Churfürst von Mainz in dem reichsgesetzlichen Besitz der besagten drey Klöster und deren Güter, wenn gleich diese in dem territorio eines andern gelegen, gestanden, darinn auch ohne Nachtheil der Territorialrechte des status pertinentiae sitae stehen können, weil solcher Besitz einem Erzbischoff nur allein in Rücksicht auf das, den drey Klöstern an den Gütern zustehende Privateigenthum, und vermöge der über solche Klöster gebühren-den geistlichen und weltlichen Gerechtsamen zugestanden; woraus sich

5) ergiebt, daß, wenn gleich derjenige Besitz, den die drey Klöster an den, in territorio alieno evangelico belegenen Gütern gehabt, durch deren Suppreßion aufgehört, dennoch solches demjenigen Besitz, den der katholische geistliche Reichsfürst, beson-ders kraft der Diöcesanrechte, an solchen Mediatklö-stern gehabt, nicht angehet, vielmehr derselbe kraft dieses Besitzes sowohl die Suppreßion seiner Mediat-klöster, als auch die damit verknüpfte Verlegung der Klostergüter an die Universität zu Mainz auf gleiche

Weise

Weiſe verfüget, als kraft gebachter Verordnung des
§. 26. einer katholiſchen Obrigkeit, welcher die Me=
biatklöſter unterworfen ſind, bey dem Untergang eines
Ordinis religioſorum eine andere Verfügung zu tref=
fen, und andere Orden zu ſubſtituiren verſtattet iſt. 16)

IV.

Prüfung der Gründe, welche für den Landes= herrn eines aufgehobenen Kloſters in einer diesfallſigen Naſſau = Oraniſchen rechtlichen Ausführung gegen Wiedrunkel enthalten ſind.

Es iſt nun noch ein beſonderes Argument übrig,
durch welches man erweiſen will, daß der Lan=
desherr eines aufgehobenen Kloſters das Recht
habe, auch die Güter und Gefälle zu beziehen, welche
dem aufgehobenen Kloſter aus fremden Landen zuge=
hörten. Das iſt das, welches in der rechtlichen
Ausführung, daß das Hochgräfliche Haus Wied=
runkel derjenigen Güter, Zehenden, Waldun=
gen und aller übrigen Gefälle, ſo die im Jahr
1773.

16) Den wahren Sinn des 25. und 26. §. des 5. Weſtphä=
liſchen Friedensartikels habe ich im Vorhergehenden hin=
länglich gezeigt. Es iſt in dem letzten nicht die Rede
von katholiſchen Reichsſtänden, ſondern von katholi=
ſchen Privatinhabern der Klöſter. Man kann alſo nicht
daraus beweiſen, daß die katholiſchen Reichsſtände an
den Gütern der Klöſter einen wirklichen Beſitz hätten,
der ihnen bleiben müßte, wenn ſie die Klöſter aufhüben,
und ihre Güter zu andern Abſichten verwenden wollten.

1773. ausgegangene Jesuiter=Residenz zu Ha=
damar zur Zeit ihrer Erlöschung in dem Hoch=
gräflich=Wiedrunkelischen besessen hat, recht ge=
setzwidrig und spoliative sich gewaltsamer Weise
angemaßt, folglich gegen dieselbe vor dem höch=
sten Richter a praecepto verfahren werden müs=
sen. ad causam des Herrn Prinzen von Oranien
und Fürsten zu Nassau Hoheit wider den Herrn
Graf zu Wiedrunkel Hochgräfl. Excell. mandati
poenalis de restituendo L. C. dargelegt wird.

Es heißt daselbst im zweyten Abschnitte §. 18.

„Es war bey Aufhebung des Jesuiterordens
„keine possessio vacua, sondern die **Residenz**
„continuirte solche nach, wie vor, um so mehr,
„als sie ihre bey ihrer Fundation verknüpfte of=
„ficia noch **Namens der Sozietät** zu ver=
„sehen hatte, und wirklich versahe. Die offi-
„cia, in Ansehung welcher die Residenz fundirt,
„subsistirten des aufgehobenen Ordens ungeach=
„tet beständig, und konnten nicht aufhören.
„Daher war bey der Residenz überhaupt und
„deren accessoriis keine possessio vacua zu fin=
„giren. Der **Landesherr** selber übernahm
„die Vorsorge wegen solcher officiorum, und
„also auch zugleich die Disposition über alle
„Temporalien. Er übernahm die Residenz, die
„Kirche, und alle ihre Accessorien.„

Es beruhet hierbey alles auf der Frage, ob nach auf=
gehobenem Jesuiterorden demohngeachtet die *officia*,
welche die Jesuiten zu verwalten hatten, und die des=
halben gestiftete **Residenz** noch subsistiren konnten,

oder

ober wirklich subsistirten. Das sagt wohl der Verfaſ=
ſer der Ausführung; aber beweiſen kann ers in Ewig=
keit nicht. Das Gegentheil läßt ſich mit Sonnenklar=
heit darstellen. Im Fundations=Instrumente vom
3. Oktobr. 1652. werden die officia, die Jugend in
den Grundſätzen der katholiſchen Religion zu unterrich=
ten, und zu predigen, nicht als Aemter, die von ei=
nem jeden verwaltet werden können oder ſollen, be=
ſtimmt, ſondern einzig und alleine den **Jeſuiten,**
als ſolchen anvertrauet. Es heißt mit ausdrückli=
chen Worten: „Unſere Intention geht hauptſächlich
„dahin, daß beſagte von uns geſtiftete Reſidenz mit
„frommen und gelehrten Männern hinlänglich verſe=
„hen werde, **die nach dem Berufe, dem In=**
„ſtitute, und der Verfahrungsart der Ge=
„ſellſchaft Jeſu die wirklichen Aemter der Sozietät
„ausüben ſollen.„ Alſo ſollen jene geiſtliche Verrich=
tungen nur von den **Gliedern des Jeſuiter=Or=**
dens als **Verrichtungen der Sozietät** getrie=
ben, oder übernommen werden. Wenn nun der ganze
Jeſuiterorden aufgehoben wird, ſo kann der Stifter
nicht mehr ſicher ſeyn, daß die angeführten Amtsver=
richtungen genau nach den Ordensregeln der Jeſuiten
geleiſtet werden. Folglich haben nach ſeiner Inten=
tion auf dieſen Fall hin die errichteten Aemter ihr Ende
erreicht. Man ſieht ja deutlich, daß der Fürſt Jo=
hann Ludwig bey der Stiftung der Jeſuiter=Re=
ſidenz ganz beſtimmt aus **Vertrauen** gegen die Ge=
ſellſchaft Jeſu gehandelt hat, und alſo nicht blos
Lehr= und andere geiſtliche Aemter, ſondern nur Lehr=
und geiſtliche Aemter für **Jeſuiten** ſtiften wollen.
Der Fürſt rechnet es den Jeſuiten als ein beſonderes
Ver=

Verdienst an, daß sie Ihn zur kathollschen Kirche be=
kehrt, und auch seine Unterthanen zur katholischen Re=
ligion gezogen hatten.   Nun sagt er im Stiftungs=
Briefe: „Damit wir also für eine so große von der
„Gesellschaft Jesu uns und unsern Unterthanen erwie=
„sene Wohlthat einiges Merkmahl unserer Dankbar=
„keit setzen möchten — haben wir recht ernstlich dar=
„auf gedacht, ein **Jesuiter=Kollegium** zu stiften,
„damit diejenigen, welche durch Gottes Gnade
„die ersten Hersteller des Glaubens bey uns wa=
„ren, auch Erhalter und beständige Fortpflanzer
„desselbigen seyn möchten.„   Ist es hieraus nicht
sonnenklar, daß der Fürst Johann Ludwig blos
für die **Jesuiten**, und sonst für keine andere Gesell=
schaft, eine Stiftung hat machen wollen?   Die
Jesuiten waren es, die er für die ersten Lehrer der
wahren Religion in seinen Landen ansahe, und die soll=
ten nach seinen ausdrücklichen Worten die **Erhalter**
und **beständige Fortpflanzer** derselbigen seyn und
bleiben.   Es ist demnach die vollständigste Gewisheit,
daß in dem **Augenblicke**, da der Jesuiter=Or=
den aufgehoben wurde, auch alle die **für die Glie=
der solchen Ordens gestiftete Aemter** ihr Ende
hatten, und folglich auch die **Jesuiter=Residenz**
zu **Hadamar** aufhören mußte.   Alle Gebäude und
alle Güter, welche zu dieser Jesuiter=Residenz gehör=
ten, und **im Nassau=Oranischen Lande lagen,**
war des **Prinzen von Oranien Hoheit** als Lan=
desherr zu übernehmen befugt.   Aber alle Güter und
Gefälle, welche die **Jesuiter=Residenz** als solche
in fremden Landen vorher zu beziehen berechtiget
gewesen war, und **die nicht in dem Eigenthum**

l 3   des

des Prinzen von Oranien vorher schon ge=
wesen waren, mußten in dem nemlichen Augen=
blicke, da diese Residenz ihre Stiftungs=Quali=
tät für die Jesuiten verlohr, in die Hände ihres
eigenen Landesherrn fallen, wenn nicht durch
einen gültigen Vertrag, oder durch ein Reichs=
gesetz was anders mit Evidenz bestimmt war.
Diese fremden Güter und Gefälle waren Accessorien,
nicht von den im Nassau=Oranischen liegenden Grund=
stücken, sondern nur von der Jesuiter=Residenz
als einer Stiftung für die Jesuiten, und konn=
ten also nicht von dem Landesherrn jener Grundstücke,
welche die Qualität einer Fundation für die Je=
suiten nun nicht mehr hatten, als Accessorien solcher
Grundstücke angesehen, und in Besitz genommen
werden. *)

Wenn der Verfasser der Nassau=Oranischen Druck=
schrift §. 18. glaubt, daß Nassau=Oranien um so mehr
befugt gewesen sey, die Jesuiter=Residenz mit allen
ihren in= und ausländischen Accessorien zu überneh=
men, da der Pater Superior und der ganze Convent,
als die bisherigen Possessores die Residenz und Kirche
cum pertinentiis an die Oranien=Nassauische Depu=
tirten abgegeben hätten; so muß ich erinnern, daß in
dem Augenblicke, als der Jesuiter=Orden aufgehoben
war, der Pater Superior und der Konvent nicht mehr
als geistliches Korpus über die Güter disponiren,
und also auch nichts davon übergeben konnten. Die
Landesherrn waren auf diesen Fall hin berechtiget, das
Ihri=

*) S. die Gerechtigkeit in Absicht auf die Klöster ꝛc.
§. 53.

Jhrige wieder an sich zu ziehen, und keiner konnte durch eine Uebergabe des Jesuiter-Kollegii ein Recht erhalten.

Ferner behauptet man in oben benannter Druck-schrift §. 19. des zweyten Abschnittes, „daß die Lan-„desherrschaft, darunter die aufgehobene Stiftungen, „oder Klöster gelegen, nach den Reichsgesetzen, beson-„ders nach dem Reichs-Abschiede von 1544. §. 88. und „dem von 1555. §. 21. verpflichtet sey,

Die Ministerien der Kirchen, Pfarren und Schu-len, auch Allmosen und Hospitalien zu bestellen.

„Dieser Verbindlichkeit aber würden sie nicht Genüge „thun können, wann auswärtige Landesherrn die „Renten der aufgehobenen Fundationen einziehen „könnten.„

Allein die Gesetze reden nicht von den Ministerien der Kirchen, Pfarren und Schulen in dem Lande, darinnen die Hauptstiftungen liegen, sondern von den Ministerien in dem Lande, aus welchem jene, darin-nen die Hauptstiftungen liegen, die Renten ziehen, oder gezogen haben. Aus diesen Gesetzen also läßt sich ganz und gar nicht beweisen, daß nach aufgehobenen Stiftungen die Renten aus fremden Landen noch an den Landesherrn der aufgehobenen Fundationen verab-folgt werden müßten. Sie gebühren vielmehr dem Landesherrn, in dessen Gebiete sie gefällig sind, um da-von die Ministerien seines Landes zu bestellen, die bis-her davon bestellt worden, und den Ueberrest zu seinen Absichten zu verwenden.